出口治明

50歳からの出直し大作戦

講談社＋α新書

まえがき　いつも今が人生で一番いい時

いい時期も、辛い時期もある

僕はつねにそう考えています。

「今が人生で一番いい時期だ」

過去を振り返って、「あの時は楽しかった」「あの時こうしておけば違った人生だったかもしれない」などと仮に考えたとしても過去は一切変わりませんし、そのことによって何も新しいものは生まれないからです。過去が変えられるなら、いくらでも頑張りますが、変えられない以上は無駄なことはしたくない。それが僕のモットーです。加えて、今が一番若い。明日になれば一日歳を取ってしまう。そう考えれば今が人生で一番いい時だという僕の考えは、どなたにでも理解していただけると思います。

将来についても同様です。昔から一寸先は闇と言われるように、未来のことは誰にもわかりません。だったら今に集中するのが最も合理的ですし、第一ストレスが溜まりません。

もちろん、これまでの人生を振り返ると、いい時期もあれば、辛い時期もあったことは確かです。

僕は一九四八年生まれですから、現在六八歳です。大学を卒業して日本生命に就職したのが一九七二年、大阪万博の次の次の年でした。高度成長期のピークでしたから、毎年給与が増えた、とてもいい時代です。

入社して最初の二年間は京都支社に勤務し、新入社員としてさまざまな雑用を任されました。その後は大阪の本店に転勤して、五年間経営企画の仕事をしました。早い時期に会社全体の方向をどうするかを考える仕事にかかわれたことは、今振り返ってみると大変幸運だったと思っています。その後、東京の運用企画部門に移りました。

やがて八〇年代の後半になるとバブル景気が訪れました。年齢は三〇代の後半です。当時の僕は、日本興業銀行への出向の一年間で日本の金融制度の問題点に目覚めたことが引き金となり、主に生保業界のMOF担（当時の大蔵省を担当する役職）として金融制度改革に携わっていました。金融界・メディア・役人の皆さんなどとの会食をふくめ、徹夜で仕事をしたことも何度かありました。肉体的には相当ハードでしたが、半世紀振りの法律（保険業法）改正という歴史的な仕事をしているという充実感があり、土、日にたっぷり眠っていたこともあって、あまり疲れを感じたことはありませんでした。人間、仕事が充実していると、多少肉体的にストレスがかかっても、不思議と倒れないものです。

その後、ロンドン勤務を三年間経験しました。「ジャパン・アズ・ナンバーワン」ともてはやされた最後の時期で、日本生命も世界一の生命保険会社として一目置かれていました。帰国してからは、総合職だけで約二五〇人を統括する国際業務部長を務めました。余計なことを考える暇もないくらい多忙でしたが、多くの国を訪れ各国の保険会社や金融界のトップと意見交換をすることができたのは、特に得がたい経験となりました。

しかしバブル崩壊後の不況で、状況は一変しました。生保業界はもちろん、あらゆる業界が業績不振に苦しんだ「失われた二〇年」を経て、ようやく今、日本は元気を取り戻しつつあるところでしょうか。僕の約四〇年のビジネス経験を振り返ってみただけでも、これだけの大きな変化があったのです。

歴史は三つの波で決まる

ただ、これらの浮き沈みは周りの環境変化の影響を受けた結果に過ぎません。僕自身の知識や技術、身体的なポテンシャルなどとはほとんど関係がありません。あくまで外的環境が変化したに過ぎないのです。

有名な歴史学者のフェルナン・ブローデルは著書『地中海』の中で、歴史は長い波（サイクル）と短い波、両者の中間の波の三つによって決まると書いています。それは、一人ひとりの人生にとっても同様です。

長い波とは、たとえば気候です。気候は長い期間に少しずつ変化します。現在は地球温暖化が大きな問題となっていますが、過去には逆に氷河期もありました。この非常にゆっくりとした変化の中で、暖かい時代は多くの作物が穫れて食料も豊富ですから、その時代に生きる人は比較的楽に食べ物を確保できます。それに対して、寒い時代は手に入る食料が限られるため、多くの人がひもじい思いをしたことでしょう。

できれば自分は暖かい時代に生まれたかったと思っても、人間は自分が生きる時代を選べませんから、これはいかんともしがたいものです。

次の中間の波とは、たとえばかなり長期間続いたフランスのブルボン家とヨーロッパの中央部を支配していたハプスブルク家の確執です。両家とも一人の王様の統治期間はおよそ一〇〜二〇年ほどでした。双方の王様が文化や芸術に関心があれば、その王様が治めている間は比較的おだやかな時代になり、市民も比較的のんびりと生活ができます。ところが、反対に好戦的な王様の時代になると市民はつねに危険にさらされることになります。普通の市民にとっては、たまったものではありません。

とはいえ、こうした物騒な時代がすべての市民にとって不幸かと言えば、そうとも限りません。二〇代の元気で優秀な頭脳と体力を持つ若者なら、戦場で功績を残せるかもしれません。褒美をもらい権力が与えられ、給与も増えて、豊かな暮らしができるでしょう。こうした個人の適性のあるなしが短い波というわけです。

より身近な例で言えば、世の中がバブル景気に浮かれていた時は、おそらく中間の波です。こうした時代は景気がよくて経済活動も活発ですから仕事は大変でしょうが、所得も増える可能性が高くなる。肉体的にはきつくても多くの人が楽しく暮らせるでしょう。

ただ、その反動として、バブル崩壊後は景気が急激に落ち込みます。景気にはつねに波があり、山が高ければ必ずその後には深い谷が訪れるのです。リストラの名の下に大量の首切りが行われます。就職できない人が大勢出て、就職氷河期という言葉も生まれます。しかし、そうしたデフレの環境下でも、安くて高品質の商品を海外で生産するビジネスモデルを思いついた「ユニクロ」の柳井正さんは、あっという間に会社を大きくし、日本を代表する大富豪になりました。これがおそらく短い波にあたるのだと思います。

五〇代は人生の黄金期

このように歴史を三つの波の合成としてとらえると、人生は偶然の巡り合わせ（長波＋中間波）で決まる部分が非常に大きく、個人の努力で変えられるものは、かなり限られることがよくわかります。しかし、だからこそ人間は、どんな時代に生まれたか、どんな環境で育ったかなどといったすでに終わったことをあれこれ詮索しても仕方がなく、「今」のことだけを考えて生きるほうがずっと賢明だということがわかります。

未来についても同じことが言えます。七〇歳までに世界一周旅行がしたい。そんな夢をお持ちの人もいらっしゃるでしょう。そのためには、ある程度のお金が必要だから今から貯金をしよう、英会話を勉強しなおそうと考えるのは大変素晴らしいことだと思います。

若い頃に比べて記憶力が低下しているから、この歳から英会話の勉強を始めてもどうせ身につかないと諦めるのは、もったいないことです。記憶力が多少衰えたとしても、時間はまだまだあるわけですし、若い頃は試験のため仕方なく勉強したのに対して、これからは自分自身のための勉強です。モチベーションが高ければ、それだけ習得の効率も上がるに決まっています。

ただし、こうして将来の目標に向かって努力を続けても、それが必ず実現するとは限りません。努力が報われるか報われないか以前に、未来のことは誰にもわからないからです。極端なことを言えば、明日、交通事故にあって死んでしまうかもしれません。

では勉強などしても意味がないのか。そうではありません。百パーセント必ずその通りになるわけではないけれど、未来を変えることができるのは自分自身しかいません。そして、未来のことは誰にもわからないがゆえに、自分の意志で未来を変えることができる時は、未来のいつかではなく、つねに「今」しかありません。だったら「今が人生で一番いい時だ」と考えるべきではないでしょうか。明日になれば一日歳を取る、今が人生で一番若いのです。

ただし、こうした外的要因とは関係なく、人生の中で最も充実している年代が存在するというのが、僕の持論です。「人生の黄金期」と言い換えてもいいかもしれません。それは間違いなく五〇代です。五〇歳は人生のちょうど折り返し点です。動物である人間は自分の力でご飯を食べて一人前。大人になるのは二〇歳前後です。そう考えて、人生八〇年と考えれば五〇歳が大人のど真ん中となります。とりわけ職業人としての五〇代は経験を積み、人脈もあるので最強だと断言できます。

そして、この最強の五〇代、皆さんの職場の定年が仮に六〇～六五歳だとしたら残り一〇年強のこの時こそが、次の人生で大きく花開くための出直しのチャンスなのです。もっとも僕は、定年制は廃止すべきだと考えていますので、早くそうなってほしいと念願していますが、本書『五〇歳からの出直し大作戦』を人生の道標のひとつにしていただけたら、著者としてこれ以上の喜びはありません。皆さんのご意見をお待ちしています（送付先　hal.deguchi.d@gmail.com）。

最後になりましたが、本書が世に出たのは、本書を上手にまとめていただいた講談社第一事業局企画部の唐沢暁久さんとライターの平原悟さんのおかげです。改めてお二人に厚くお礼を申し述べたいと思います。本当にありがとうございました。

二〇一六年九月　　　　出口治明

◉もくじ

第二章　偶然を大チャンスに変える——中村勝さんと語る

第三章　定年間近の五七歳で創業して上場——大嶋翼さんと語る

第四章　子供の頃の夢を五〇歳で実現――牧野克彦さんと語る

第五章　趣味を仕事にする幸福――石塚眞一郎さんと語る

第六章　金融業からスイーツに大転身——鈴木哲也さんと語る

第七章　営業センスを生かした資格業——寺田淳さんと語る

第八章　起業成功の条件と準備

第一章　五〇代が起業に最適なこれだけの理由

五〇歳は人生の折り返し点

なぜ、五〇代が起業に最適なのでしょうか。

人生をマラソンに喩（たと）えれば、わかりやすいと思います。

日本人の平均寿命はおよそ八五歳ですが、その間のすべての期間を自分の責任で生きているわけではありません。子供時代は親に面倒を見てもらわなければ生きていけませんし、老後の一定期間はたいていの場合、誰かのお世話にならざるをえません。そう考えれば、自分の足で歩き始めるのが二〇歳として、誰かの助けなしで歩けるのは八〇歳までといったところでしょうか。そうすると、二〇歳と八〇歳の真ん中である五〇歳は、人生の折り返し点にさしかかる中間地点になります。山登りで言えば頂上に到達した状態ですから、最高に気持ちがいいに決まっています。

時間に換算すると就職しておよそ二五〜三〇年、四半世紀です。新入職員時代は先輩や上司に言われるまま雑用をこなすだけで精一杯ですが、一通りの業務を体験して一人前になると、仕事を任されるようになり、やがては部下を指導する立場へと変わっていきます。大きな職場に勤めた場合は、さまざまな部署を異動するでしょうから、その都度、異なる技術やノウハウを身につけることができます。

その中で、人付き合いは苦手だと思い込んでいたのに営業部門に異動して嫌々外回りをしたら思いの外いい成績が出て、自分はコミュニケーション能力が実は高いのだとわかったということもあるでしょう。おそらく、普通の人は五〇歳になる頃までに、ビジネスパーソンとして何らかの得意分野を身につけることができているはずです。

また、その間には、景気がいい時代もあれば、悪い時代も経験していることでしょう。勤めている職場の業績が拡大した時期もあれば、減益や赤字に苦しむ時期もあったはずです。景気がいい時はチヤホヤしてくれた取引先が、手のひらを返すように冷たくなる経験をしたこともあったでしょう。そうした経験から、人の心の本質を学ぶこともできるのです。

こうして、五〇歳までの往路の二五年間で、仕事のことはもちろん、世間や人情についてもかなりのことを勉強したはずです。

激変の時代は経験が武器になる

復路は往路と同じ道とは限りませんが、往路での経験から推測することで、たいていのことには対応できます。

二〇〇八年にはリーマンショックが起こりました。その当時は「一〇〇年に一度の危機」などと騒がれたものです。しかし振り返ってみれば、ブラックマンデー、アジア通貨危機など、規模の差こそあれマーケットの大暴落は何度も起き、そのたびに金融危機が生じますが、いつの間にかマーケットは正常化していきます。実際、リーマンショックから一〇〇年どころか一〇年も経たない二〇一五年のうちに、発生源のアメリカは、リーマンショック直後から行っていた危機対応のための大規模な金融緩和政策を転換し、利上げに踏み切るところまで回復しました。でも、連合王国のEU離脱（国民投票で賛成多数）により、次の利上げはしばらく棚上げになったようですが。

大きな危機を初めて経験する時は、気が動転して何も対処できません。まるでこの世の終わりが来たように狼狽（ろうばい）してしまう。ところが過去に一度でも体験していれば、慌てることなく対処することができます。株が暴落しても、いずれは回復すると思えば安値で買い増せるでしょう。

若い人の中には、時代はどんどん変わっているから過去の経験など価値がないという人もいますが、けっしてそのようなことはありません。むしろ今のように世の中が激変している時こそ、豊富な経験が大きな武器となります。その意味でも経験豊富な五〇代には、大きなアドバンテージがあるのです。五〇歳までの二五年が知識や情報を蓄積する勉強の時代だとすれば、五〇歳からの二五年は勉強の成果を試す収穫の時代だと言えるでしょう。

また、これまでは上司や先輩に指導されて歩んできたのに対し、ここからは自分自身のペースでマネジメントができるのですから、これほど楽しいことはありません。

二五年走ってきた間には仲間もできたはずです。少しくらい予想外の出来事が起きても、仲間と助け合って解決策を見つけられるでしょう。まさに五〇代は怖いものなしの年代なのです。

五五歳で出向に

同時に五〇代は人生の大きな転機ともなります。僕の場合もそうでした。四三歳でロンドンに駐在してヨーロッパのビジネスを統括し、四六歳で帰国して、日本生命では最年少で国際業務部長になり二五〇人の総合職の部下を指揮していましたが、三年後、とある理由で突然、営業に配転になりました。これは左遷人事でした。

その理由は単純で、当時の社長の考えと僕の考えが正反対だったからです。

僕は、日本生命は海外に進出しなければこれ以上発展できないと考えて、そのための準備を進めていました。しかし当時の社長は、「バブルが崩壊して大変な時に海外に出ていく余裕などない」「国内他社の持つシェアを奪えばいい」という考えです。僕が長期的な視点を重視していたのに対して、社長は短期の業績を重視したとも言えます。

社長の考えは充分理解できても、僕は自分の考えを曲げることができませんでした。業界トップでピラミッドの頂点にいる日本生命が他社からシェアを奪えばピラミッドそのものが低くなってしまう。それは業界を衰退させ、巡り巡って日本生命にとってもマイナスになると考えたからです。

こうした考えを何度も社長に伝えました。しかし、社長は「ふんふん、なるほど」と聞かれるだけで、何の反応もありません。主張すべきことは主張するタイプの僕と、面と向かって自分の言葉で気持ちを表さない社長。性格も正反対だったのでしょう。考え方が真っ向から対立する人間を側（そば）に置きたいとは誰も思いません。それが多分左遷の理由だったのでしょう。

しかし、それで落ち込むことはありませんでした。

「課長までは実力だが、部長から先は上との相性で決まる」

そう聞いていたからです。また、歴史書を読んでも同じことが書いてありました。社長と喧嘩した以上、左遷されるのは当然だと思っただけでした。左遷の辞令を受けた直後、すぐに頭を下げれば白紙に戻してもらえるとアドバイスしてくれるお節介な先輩もいましたが、僕はそんなことをするつもりはありませんでした。信念を曲げてまで上に気に入られても仕方がありません。第一、楽しくないではありませんか。

むしろ、あいつは企画しかできない頭でっかちな奴だと思われているのなら、営業でダントツの成績を上げて周囲を驚かせば楽しいだろうとすぐに頭を切り替えました。

当時の日本生命では、法人向け商品の直接販売にかかわる営業部長が三五人ほどいました。頭数で割ると全売り上げの三パーセント程度のシェアを達成できれば人並みです。僕は在任五年間の累計で一五パーセント程度の売り上げシェアを達成しました。何も特別なことをしたわけではありません。営業成績を上げようと思ったら、お客さんとの接触時間を長くするのが一番です。一緒にいることで愛着が湧き信頼にもつながるからです。

ところがほとんどの部長は毎朝、一〇～一五人くらいしかいない総合職の部下を集めて、朝礼をやっていました。「きょうも一日、がんばろう」と、精神訓話を話しているのです。これほど無駄なものはないと思い、すぐに朝礼はやめました。その時間もお客さんと会っているべきだと。それだけで他の部署以上に売り上げを伸ばすことができたのです。

こうして会社の業績にはかなり貢献したと思います。しかし、それが評価されることもなく、今度は不動産を管理する日本生命の実質子会社に出向となりました。これが五五歳の時です。

日本生命では子会社に出て、その後本社に戻った例は一件もありません。つまり、出向は生命保険との縁切りを意味していたのですから、まさに人生の転機でした。

後輩への贈り物として本を書く

ビル管理会社に出向した素人で五五歳の男性に、それほど忙しい仕事はありません。その分、時間は存分にありました。そこで僕は「遺書」を書くことにしました。後輩たちへの贈り物として、僕が蓄積してきた知見をまとめることにしたのです。それが後に本として出版された『生命保険入門』（岩波書店）でした。おかげさまでこの本は多くの人に読んでいただき、版を重ねています（旧版七刷。新版八刷）。結果的に多くの後輩たちに生命保険の役割とあるべき姿を伝えられたのではないかと自負しています。

その時は、自分が保険の世界に戻るとは夢にも思っていませんでした。しかし、今振り返れば、ここで保険について頭の中を整理したことが、ライフネット生命のビジネスモデルにつながったように思います。

三〇代より若い頃は、先輩や上司が言うことはなんでも正しいと思えます。たしかに上司の意見に従うことは大切です。しかし、三〇代から四〇代を過ぎる頃になると、職場や業界の問題が少しずつ見えてくる。自分自身の考えというものが生まれてくるのです。今、思い返せばＭＯＦ担として大蔵省と折衝する時、僕はよくこういう言い方をしていました。

「生命保険業界はこういうロジックでこう考えています。しかし、それは業界の考えで、僕自身はその考えはこういう理由で正しくないと思っています」

大蔵省の中にも、「なるほど、君は面白いな」と、それまで以上に親しくつきあってくれた人がいましたし、それが自分自身の考えにますます自信を与えてくれました。こうした経験が蓄積できたからこそ、僕はその後の人生を決める決定打のひとつになった『生命保険入門』を書くことができたのです。

定年までの期間をどう過ごす？

僕の例に限らず、ポテンシャルは最高の状態なのに、残念ながらそれを生かせる環境にあるとは限らないのが五〇代です。現場の最前線で活躍したいと思っても、ラインから外されていたり、窓際に追いやられていたりして、手応えのある仕事が与えられない。一方で定年までの時間は一〇年前後残っています。この期間をどう過ごせばいいのか。多くの五〇代は大きな壁にぶち当たるのです。

もちろん出世レースに残っている人は、そのままトップや役員を目指して猛進してください。しかし多くの人はその可能性がないという現実を突きつけられているはずです。そういう人が目指すべき道のひとつは、次の世代を育てることだと僕は考えています。

後進の育成などと聞くと、自分はまだまだ現役で働けるのに……と、不満に思われるかもしれません。しかしどうでしょう、五〇歳のあなたは一〇年前と同じ飛距離のヒットを打てていますか。絶好球が飛んできたと思いフルスイングし、バットの芯で捉えることができた。一〇年前なら確実にボールがスタンドに吸い込まれていたはずなのに、センターフライだった……。そんなパワーの衰えを少しでも感じているなら、打席は後輩に譲りましょう。それがチームプレイの本質であり、長い目で見ればあなた自身のためにもなるのです。

自分でホームランを打つのは、たしかに気持ちがいいものです。しかし、コーチの立場でチームを優勝に導くのもそれと同じくらい感動があります。レギュラー選手として優勝のビールかけをするのは幸せですが、指導者としてチームを優勝に導いてビールかけをするのも同じくらい楽しいのではないでしょうか。優勝チームのホームランバッターに、「今の僕があるのはコーチのおかげです」と取材で言ってもらえれば、もう最高でしょう。しかも、次世代のホームランバッターを育てることができれば、別のチームから今までよりいい条件で監督になってほしいとオファーがくるかもしれません。

ビジネスパーソンも同様です。次の世代を担う後輩たちの能力が伸びなかったら、職場が傾いて将来もらえる年金だって削られるかもしれませんが、職場の成績が上がれば年金も減ることはないでしょうから、一石二鳥です。こんな理にかなったことはありません。

反対に自分の体力が衰えているのを自覚していながら、それを認めないどころか、後輩の足を引っ張っていたのでは、永遠にビールかけのチャンスは訪れません。

かと言って、自分が後輩を育てようと思っても、そうした環境が与えられない人もいるでしょう。周りを見渡してもめぼしい後輩がいないかもしれません。でも、諦める必要はありません。指導するのは必ずしも直属の部下や同じ部署の人間でなければいけないわけではありません。職場全体を見渡せば、必ず一人や二人、光るものを持っている若手がいるはずです。こいつは面白い奴だと思ったら、飲みに誘えばいいのです。

さらに言えば、今の職場にこだわる必要もない。いつも通っている飲み屋の常連で、こいつは何か持っているなと感じる人がいれば、その人に自分がこれまで身につけたノウハウを教えればいい。どうしてそんなことを教えてくれるのですか？　と尋ねられたら、「俺ももう一度ビールかけの快感を味わいたいのだが、職場にめぼしい奴がいないから君に味わわせてもらおうと思って」と率直に話せばいいのです。

ただ、生きのいい連中と親しくなるためには、あなた自身にも魅力が必要です。あのおじさんと話をすると面白いと思ってもらわないと、誘っても誰もついてきてくれません。そのためには、つねに自分に付加価値をつける努力を怠らないこと。たくさん本を読んで知識を増やし、いろいろな現場をこの目で見て知見を深め、さまざまな人と積極的に会って刺激を受け続けましょう。たとえば、若い人たちが会いたくても会えないような高い地位にいる人の話を、自慢話ではなく自然にできるようになれば、彼らのほうから、あなたを求めてくるはずです。

ノウハウがすべて備わる五〇代

以上述べてきたように、自分が育ってきた組織や業界の中で自分を生かす方法もありますが、五〇代の皆さんの中には、まだまだ自分の能力を試したいと考えている人も少なくないでしょう。

もしもあなたにそうした気持ちが少しでもあるのなら、組織を離れて独立することを考えてはどうでしょう。簡単に言えば起業することです。

実は五〇代は、起業するには最適の年代なのです。

五〇代にはビジネス上のノウハウがかなり備わっています。職場内でそれなりの仕事をしてきたのですから、社会的な信用もあるはずです。なかには新規事業の立ち上げを経験している人もおられるはず。そうした経験があれば、金融機関からお金を借りるノウハウも持っているでしょう。

早い時期にマイホームを購入しているのでしたら、すでに住宅ローンを完済していませんか？運良く借り入れなしに取得している不動産があれば、銀行からお金を借りなければいけない時に大変有利になります。銀行の融資担当者があなたの考えた新規事業の将来性を理解してくれればいいのですが、そういう目利きに出会えるとは限りません。その場合は、「担保はありますか？」という話になります。抵当権が設定されていない不動産を持っていれば、それは大きなアドバンテージになるでしょう。

また、どんな職場に就職しても、同じような境遇や同じような気持ちで働いている同僚や同期が多いでしょうから、そういう気心の知れた仲間とチームを組んだり、パートナーになったりして起業するのもいいかもしれません。

子供の将来コストは計算できる

若い世代に比べてリスクが低くなっているのも、五〇代の起業が有利な点です。
「リスク」を悪いことが起こる可能性と勘違いしている人がいますが、正しくは不確定要素の発生確率です。この先に何が起こるかわからないことがリスクなのです。それがいいことであれ、悪いことであれ、発生するのが確実になった物事を「リスク」とは言いません。

就職して間もない二五歳くらいまでは、誰にでも「ひょっとすると自分は将来トップになれるかもしれない」という可能性があります。僕が日本生命に就職した時の同期にも、「俺は社長になりたい」と宣言している人がいました。皆さんにもそんな覚えがありませんか。

しかし、五〇歳になって、自分がトップになれるかどうかがわからない人はいないはずです。それに、五〇年も生きてくれば、自分がトップに向くタイプかそうでないか、自覚があるのが普通です。もちろん、本書の読者の中には社長レースに残っている人もおられるでしょう。到達点は人それぞれで違うでしょうが、少なくともビジネスパーソンとしての自分のゴールは見えています。だとすれば、自分自身の未来がかなり見通せているのですから、「職場で自分がこの先どうなるかわからない」というリスクは低下しているはずです。

家族の未来もかなり予想がついています。これも五〇代の大きなメリットです。特に子供の将来についてのリスクが下がれば、そのリスクはコストに転換できる点が見逃せません。子供の将来に想定される事態がある程度わかれば、それはコストとして計算することができるのです。

子供が生まれたばかりの頃は、この子はピアニストにしたい、アスリートがいいな、などと親は勝手な夢を見るものです。そのための費用がどれくらいかかるか、その時は見当もつきません。それでもテニスの錦織圭選手くらいになれば充分投資した分を回収できるだろう……などと好き勝手な妄想を膨らませるのが、親というものです。

ところが、親が五〇歳になった頃はどうでしょう。三〇代でできた子供なら二〇歳に近づいていますから、子供の才能はある程度見えているはずです。大学に行って就職するのがおそらく大半の子供でしょう。すると大学の学費のために、あとどれくらいお金を準備しなければいけないか、具体的な金額をはじき出すことができます。これがつまりリスクがコストになるということです。

逆に言えば、必要な金額だけ準備できていれば、子供や家族に迷惑をかけることはありません。起業というと清水の舞台から飛び降りるような印象があるかもしれませんが、五〇歳になると、「なんだ、清水の舞台だと思っていたけれど、高さは一メートルしかなかったのだな」ということがわかるのです。

ところが三五歳での独立起業ではそうはいきません。自分自身の職場内での出世についてはまったくの未知数ですし、子供はまだ幼く、これから先どれだけ教育費がかかるかもわからない。そうした状態での独立や起業はリスクが高く、ギャンブルに近いといっても過言ではありません。そうした危険を冒さずに済むのが五〇歳で起業する大きな利点なのです。

家族の理解が得やすいのも五〇代

リスクが低いということは、経済的な面に加えてもうひとついいことがあります。家族の賛同を得やすいのです。あなたがどれだけ起業したいという気持ちを強く持っても、家族が反対しては、なかなかうまくいきません。

僕が日本生命（グループ）を退社してライフネット生命を創業すると決めた際も、家族にすぐそのことを伝えました。家族は僕が一度言い出したら何を言っても耳を貸さない性格であることをよく知っていますから、反対はしないだろうと思っていましたが、万が一ということがないとは言えません。一応お伺いを立てておこうと思ったのです。

僕の心配は取り越し苦労でした。ただ、いくつか条件が付けられました。プライバシーを大事にしたいからメディアの取材を受けても家族のことは話さない。夏と冬には休暇を取ってのんびり家族で旅行する。それさえ守れば許してあげるというのです。

家族の理解は起業を成功させる絶対条件とまでは言えないかもしれません。しかしそれがあれば安心して起業に打ち込めます。長年連れ添った家族なら許されやすいはず。それも五〇代の強みと言えるでしょう。

こうしたリスクとコストの話に疑問を感じる読者もいらっしゃるかもしれません。コストが低下するという点では六〇代のほうがもっと有利なのではないか、と。

おっしゃる通りです。しかし、五〇代には六〇代にはない大きな強みがあります。言うまでもなく体力です。

僕は現在、これまでの自分の人生の中で物理的には最も長時間、働いています。朝八時に出社して帰宅するのはほとんど一一時前後です。土日も講演などの予定が入ることが多いため、完全週休二日など滅多にありません。

肉体的にはハードな生活を送っていますが、今のところ、この生活に疲れを感じたことはありませんし、まだまだやれると思っています。しかし、あと一〇年若ければ今のペースをもっと長く続けられるかもしれません。その意味でも五〇代は起業のベストタイミングなのです。

社会人として二〇年以上の経験があり、ビジネスで求められる基本的な能力をほぼすべてマスターし、加えて部下や後輩を指導してきた経験からマネジメントに対するノウハウも身につけている。ハードワークに耐えられる体力もまだまだ残っている。なにより、三〇代、四〇代の時にはついて回っていたリスクもほとんどなくなっているのです。いかに五〇代が起業の適齢期か、ご理解いただけたのではないでしょうか。

＊　　＊

次の第二章からは、実際に五〇歳を過ぎてから独立、起業した皆さんにご登場いただき、起業の経緯や成功の秘訣、さらには五〇代を過ぎての起業だからこその悩みや喜びについてお聞きした体験談をお読みいただきたいと思います。

人選については、読者の皆さんの参考になるという点を重視して、できるだけ異なるタイプの経営者の方を選ばせていただきました。

お二人は、起業しようなどと思ったことがないのに、ある偶然の経緯から五〇代で会社を立ち上げ、しかも一部上場企業に育て上げた方です。起業する以上、いつかは上場したい。それは多くの経営者が目指すものです。そんな大きな夢をごく短期間のうちに実現できた秘訣を中心に伺いました。逆に、学生時代から社長になることを目指し、五〇歳を過ぎて遂にその夢を実現された社長さんにもご登場いただきました。

とはいえ、起業の目的は会社を大きくすることだけではありません。規模は小さくても好きなことを仕事にしたい。そう考える人も多いはずです。そこで、子供の頃からの趣味を仕事にした方と、ビジネスパーソン時代に全国を出張で飛び回った時の経験を生かしてスイーツの製造を始めた方をご紹介します。小資本での独立を目指す方には参考になるエピソードがたくさんあるでしょう。

また、独立のために資格を取得しようと考えておられる方も多いでしょう。資格を生かして独立したケースもご紹介したいと思います。

起業までの経緯や目指す企業の姿は違いますが、どのケースも魅力的で、しかも学ぶことの多い対談となりました。それぞれの何気ない言葉にも成功のヒントが満載ですから、ぜひ楽しみながら読んでいただければと思います。

第二章　偶然を大チャンスに変える――中村勝さんと語る

前章まで五〇代がいかに起業に最適の年代であるかを述べてきました。なるほどと感じてもらえたことも多いかと思いますが、にわかには信じられないという人もおられるかもしれません。

それも無理のない話です。ベンチャー企業の成功者としてメディアで紹介されるのは、三〇代、四〇代がほとんどだからです。しかし、あまり注目されることはありませんが、五〇代で企業を一から立ち上げて、株式を上場させた経営者もたくさんおられるのです。

その一人が、調剤薬局チェーンを運営するクオール株式会社の中村勝社長（インタビュー当時。現在は会長）です。

コンビニのローソンと併設する青い看板の薬局と聞けば、「ああ、それなら知っている」と気付く人が多いかもしれません。クオールの設立は一九九二年でした。三店舗からスタートし、今では全国に五〇〇店以上の調剤薬局を展開する業界トップクラスの企業です。どうしてこれほど大きな成功を収めることができたのか。そもそもなぜ起業をしたのか。中村社長にお話を伺いました。（インタビュー：二〇一四年一一月一一日）

クオール　代表取締役会長　中村　勝
なかむら・まさる／1942年、中国・奉天市（現在の瀋陽市）生まれ、京都府育ち。1965年に京都外国語大学中国語科を卒業。医薬品卸会社に入社。営業部門を歩み、営業本部長などを経て退社。クオール株式会社を創業。積極的なM&Aやコンビニエンスストア、ローソンとの共同店舗などにより業容を拡大。2012年末に東証一部に上場。2016年4月、長男の敬氏に社長職を譲り、現職。

ハローワークでの屈辱

出口　プロフィールを拝見すると、五〇歳で起業されたとあります。以前から独立を考えておられたのですか？

中村　起業など考えたこともありませんでした。まったくの偶然です。三〇年間、医薬品卸の会社に勤めていたのですが、オーナー社長と意見が合わず会社を辞めざるを得なくなったのです。

出口　僕も日本生命時代に社長と対立して子会社に左遷されましたが、退職までには至りませんでした。どんなことで対立されたのですか？

中村　私は会社の最も大切な使命は継続することだと考えています。ところが当時の会社はその点で大きな問題を抱えていました。社長はすでに八〇代でしたが、後継者を決めていなかったのです。そこで、このままでは社員も取引先も不安なのでどうか後継者を決めてほしいとお願いしました。

出口　社員が提案する内容としてはかなり勇気がいる内容ですね。

中村　すると一旦は「わかった、それも道理だ」と納得してくれたのですが、一ヵ月経ってもなしのつぶてで音沙汰がない。しびれを切らして再度社長にお願いしに行ったところ、顔色が変わり、「なにを偉そうに言っている、俺の会社だ」と怒鳴りはじめた。翌日には子会社行きの辞令です。このまま残れば会社を混乱させると思い、その日のうちに辞表を出しました。

出口　それですぐに起業の準備に取りかかられたのですか？

中村　いえ、私が退社すると言うと、自分たちにも責任があると一〇人ほどの社員が一緒に辞めてしまったもので、退職してからしばらくは彼らの再就職先探しでした。幸いつきあいのあった製薬会社などが全員を引き受けてくださったのですが、結局最初の一年はほぼこれだけで終わってしまいました。

出口　五〇歳という働き盛りで一年のブランクは辛いですね。

中村　無収入ですからね。失業保険を申請するためにハローワークにも行ったのですが、実はこれが起業のきっかけとなったのです。

出口　と言いますと？

中村　対応してくれた職員の態度があまりにも屈辱的で、腹が立ちました。ふと周りを見ると、気軽に会社を辞めて失業保険で海外旅行にでも行こうと思っているような若者か、私から見てもこの様子では再就職は難しいだろうと思うような人ばかり。それを見た瞬間、「ここは自分が来るところではない」と感じ、話の途中で席を立ってしまいました。まだまだ気力もある自分はなにか行動を起こすべきだと考えて、起業することにしたのです。

設立時から上場を目指す

出口　なるほど、それで起業に踏み切られたのですね。調剤薬局を選ばれたのは、前職での知識や経験が生かせると考えたからですか？

中村　いえ、これもたまたま前職時代につきあいのあった、ある病院の院長からの電話がきっかけです。私が会社を辞めてふらふらしていることを聞きつけて心配してくれたのでしょう。「これからは医薬分業の時代が来るから、なにもしていないなら、うちの病院の側で開業しろ」と言ってくださったのがきっかけです。

出口　二〇代、三〇代の若い世代のベンチャー企業の社長の皆さんとお会いする機会も多いのですが、ほとんど従業員経験がないまま起業されたケースが少なくありません。ある程度の年齢の皆さんからすれば、実務能力もないまま独立するなど信じがたいことでしょう。しかも彼らは、「お金持ちになりたいから起業する」と堂々と宣言しています。おそらく株式公開による創業者利益の獲得を第一の目的にしているのでしょう。クオールは設立から一四年後に株式を公開していますが、設立時から上場を目指されていたのですか？

中村　そうです。ただ、会社を大きくしたいとか創業者利益を得たいということは考えたことがありません。私も三〇代や四〇代ならお金に対する執着も多少はあったと思いますが、すでに五〇歳を過ぎていると、お金はもうそれほど必要ないことがわかっていますから。それよりも、医療分野で誰からも信頼してもらえるいい会社にしたい。そのためには会社の透明性を高める必要があり、上場することが一番と考えたのです。

出口　日本の生命保険会社で上場しているところはほとんどありません。僕はこれが生保業界の不透明性の原因だと考えていました。なぜならグローバルに見るとほとんどの生命保険会社は上場しているからです。ライフネット生命を創る時に上場を目指したのも、そこを改革したいと思ったからなので、おっしゃることはとてもよくわかります。

先ほど中村社長は「いい会社」にしたいと言われましたが、具体的にはどのような会社ですか？

いい会社のトップは質素

中村　いくつか条件がありますが、ひとつは社員と経営者が対等であること。これは私の生い立ちと関係があります。私は昭和一七（一九四二）年に満州（現・中国東北部）の奉天（現・瀋陽）で生まれました。父は大阪の出身で、奉天にわたり雑貨商を始め、中国人もかなり雇って手広く商いをしていたようです。ところが終戦間際に当時のソ連が突然侵攻してきたことですべてが変わりました。本土を守るため父は訓練も受けていないのに鉄砲を担いで戦地に向かったまま戻ってきませんでした。残されたのは母と私、それに姉と妹ですが、子供を三人とも連れて日本に戻るのはほとんど不可能と言われていました。中国人に子供を預けて帰国した人も少なくありません。そんな中で私たち家族が揃って日本に帰ることができたのは奇跡と言っていいでしょう。

出口　お母さまがよほど気丈な方だったのですね。

中村　それもありますが、実は向こうで父が雇用していた中国人が守ってくれたからなのです。当時の満州では日本人が中国人を厳しい環境で働かせることも珍しくありませんでした。ところが父は、中国人を大変可愛がった。そのことを恩に感じた彼らが手助けしてくれたのです。その話を幼い時から繰り返し聞かされてきました。その思いがすべての根底にあるから、会社を作る時も、社員を大切にし、彼らが自分の夢を実現できる会社にしようと思ったのです。

出口　社長個人が偉いわけではなく、社長とは単なる組織の「機能」のひとつです。そこを勘違いしている経営者がたくさんいますね。

中村　わが社にはお抱え運転手も社長専用車もありません。黒塗りの車に乗っていると自分が偉いと勘違いしそうだからです。リスク管理の面では問題があるのはわかっていますが、性分としてできない。ただ、これは私の性分なので、次の社長にまで強制するつもりはありません。しかし創業者はやるべきではないと考えています。

出口　僕も地下鉄とタクシーです。昔、アメリカのゴールドマン・サックスは自家用ジェット機は持っているが社有車は持っていないと、聞いたことがあります。世界を相手にする仕事なのでジェット機は必要ですが、地元の移動は地下鉄のほうが早いし確実。必要な時はタクシーをチャーターすればいいというのが彼らの考えなのです。

中村　例外もありますが、長く続くいい会社のトップは質素で倹約家が多い気がします。

リーダーは矛盾してはいけない

出口　ローマ帝国の皇帝も名を残した人は、すごく質素で、おいしいものばかり食べている人はまずいませんね。

中村　私も歴史が好きで、『マキアヴェッリ語録』（塩野七生著、新潮社）でリーダーのとるべき道を学びました。課長に昇進した社員にもプレゼントしています。

出口　僕がリーダーでまず連想するのは、たとえばティムール朝のサマルカンドの王子、バーブルです。雪の山で遭難しかかった時、バーブルは一人で洞窟に入るよう家臣に勧められるのですが、彼は固辞します。「ここまで自分に従ってくれた君たちと運命を共にする」と。つまり自分だけが楽をするわけにはいかないというのです。この話で、僕はトップが何をしなければならないかを学びました。中村社長の考えるリーダーのとるべき行動とはどのようなものですか。

中村　矛盾しないということでしょうか。自分にできないことを部下や社員に求める人を見かけますが、あれはいけません。

出口　社員の遅刻を厳しく管理するくせに、自分は一〇時に出社する社長ですね。

中村　自慢ではありませんが、私は前の晩、どれだけつきあいで遅くなっても七時半から遅くても八時には会社に来ています。体力的にそれができなくなったら、その時が引退する時だと考えているのです。

出口　よく、うちは社員が育たないと嘆いている経営者がいます。それはトップの言動に矛盾がある場合が多い気がするのですが、中村さんはどう思われますか？

中村　おっしゃる通りでしょう。トップに矛盾があると社員の中にも必ず裏と表ができる。働いているフリをするようになる。これでは社員も会社も伸びませんね。これは幹部社員にもよく言うのですが、部下に信頼されるかどうかは、君自身のフィロソフィーで、そこに魅力がなければ、どんなにドラッカーの本を読んでマネジメントを勉強しても意味がないよ、と。

出口　ドラッカーよりマキアヴェッリですか。それは実にうまい表現ですね。

退職金全額を起業に投資

出口　起業を成功させるためには家族の協力も重要な要素です。中村さんの場合、会社を辞めて起業することに対して、ご家族の反応はいかがでしたか?

中村　会社を辞めると言った時、妻は驚きましたね。なんの不自由もないのに、なぜよ、と。当時、私は会社で営業本部長まで任されていましたから、社長にはなれなくてもある程度先の安定は約束されていたので、彼女とすれば信じられなかったのでしょう。しかも、設立資金として私は退職金をすべて投資したのですから、なおさらです。申しわけないと思っていますが、その後血圧が上がって寝込んでしまいました。

出口　それは大変でしたね。

中村　しかも、先にも言いましたが一年間は無職でしょう。あれは私自身もかなり辛かった。ご近所のご主人は皆朝から出かけていくのに、自分はずっと家にいる。昼間、近所を歩くだけでも気を遣いました。

出口　ご家族も気を遣いますね。

中村　そうなのですが、お金がかかるから気軽には行けません。そんな時、突然娘がテニスに誘ってくれたことがありました。これがいいストレス解消になりました。後で女房から言われたのですが、当時の私は周りが見ていられないほど落ち込んでいたようで、見かねて娘が誘ってくれたのです。今も娘は私にとって特別な存在ですね。

出口　先ほど退職金を設立資金に充てたとお聞きしましたが、資金面で苦労されたことはありませんでしたか？

中村　創業する時に私はお金に関してあることを決めました。それは社員に給料の遅配はしない。それと銀行以外から借金はしない。それができないなら、会社はたたんだほうがいいと思ってここまでやってきました。

出口　どんなことでも一旦ルールを決めたらそれを守り続けることが大切ですね。

中村　ただ、一度だけ資金繰りで頭を痛めたことがあります。創業から二年目だったでしょうか、当時のわが社にとっては大きな薬局の開局案件が持ち込まれたことがありました。金額は一億円です。これは開局する価値があると思ったのですが、開業間もないうちの会社にそんな余裕資金はありません。銀行に融資を申し込んでも、なかなかいい返事がもらえない。困っていると、医療機器をリースしていた株式会社湯山製作所の社長がやってきてこう言うのです。「社長、資金で困っているのだろう。リースを組むのはお金が回るようになってからでいいよ」と、商品を置いていってくれたのです。おかげでなんとか資金のメドがつき、開局ができました。今振り返るとその後のわが社の発展につながったと言ってもいいくらいです。

出口 設立二年目と言えば、一九九三年頃ですから、バブルが崩壊して皆大変だったはず。そんな状況の中、無担保でお金を貸すのと同じですから、よほど信頼されていたのですね。

中村 実はそれから半年後のこと、湯山社長が突然自分で車を運転して現れたことがありました。どうしたのかな、と思っていると「電車の移動だと仕事の効率が悪いだろう。これを使えばいいよ」。社用車がなかった当時のわが社にとって、どれだけ助かったことかわかりませんね。

出口 湯山製作所とはその後ずっと取引があるのですか。

中村 ええ、医療機器の仕入れは、すべて株式会社湯山製作所にお願いしています。どれだけ会社が大きくなっても、あの時の恩は一生忘れることができませんよ。

周囲をよく観察する

出口 それにしても五〇歳での起業、しかも経験のない調剤薬局ビジネスに乗り出すということで不安はありませんでしたか？

中村 それはないですね。調剤薬局の利用者の大半は健康保険を利用するため、貸し倒れの心配がないことはわかっていましたし、当時は医師の信頼さえあれば、制度に守られていましたから、ある程度の計算ができました。時代的にもいいタイミングだったと言えるでしょう。

出口　思惑が当たり、初年度は三店舗からスタートして、創業から一四年後には株式を公開された。これは運がいいだけではとてもできないと思いますが。

中村　謙遜ではなく、私自身に特別な才能があるとは思いません。ただ、強いて言えば周囲をよく観察することは多いかもしれません。たとえば、かつて調剤薬局は大病院に近ければ近いほど有利と考えられていました。でも、皆が同じことを考えた結果、大病院の側の地価が上がり採算性が落ちた。ではどうするかと考えて、大病院でなくいい病院の側に切り替えたのです。個人の医療費負担が増せば、患者さんはよりサービスのいい病院に診てもらいたいと考える。それは必ずしも大病院とは限らないから、そこに出店すれば高い収益が得られると考えたのです。

また、同じように、これからは処方箋で薬を出すだけではダメな時代が来るという確信が昔からありました。薬局でありながら、他のサービスも受けられるようにするべきだと。そこで目を付けたのがコンビニとの併設だったのです。

出口　パートナーとしてローソンを選ばれたのには、何か理由がおありですか?

中村　最大手から攻めるのが常套手段でしょうが、たまたま三菱商事にいた知人に相談したらローソンの新浪剛史(にいなみたけし)社長(当時)を紹介してもらえるというので、お会いしたのがそもそものご縁です。

出口　すぐに話は決まったのですか？

中村　私のビジョンを説明したところ、新浪さんも同じ考えでした。コンビニもこれからは高齢者のお客を増やす必要がある。そのためには医療関係を扱うのが一番だと。ただ、こうして二人の意見は一致したのですが、そのための店作りが問題でした。店舗内に調剤薬局があると、若い人が入りにくい。何かいい案はないかと、そば屋の座敷を借りて、二人だけで徹底的に議論しました。その結果たどりついた結論が、コンビニと調剤薬局をほぼ同じスペースで併設する今のスタイルなのです。

出口　二人だけで差しで議論されたわけですか。それは驚きですね。

中村　正直に言えば最初は緊張しましたよ。なにしろ相手は業界第二位のコンビニチェーンの社長ですし、年齢的にも二〇歳近くの差です。話が合うだろうかという不安もありましたが、会ってみると完全に取り越し苦労でした。

出口　僕も岩瀬大輔（ライフネット生命社長）という三〇近く歳の離れたパートナーと一緒に仕事をしているのでわかりますが、結局のところ問題は年齢ではなくて、話の内容ですね。

中村　それに加えるなら好奇心。お互い相手のことを知りたいとか、自分の知らないことを知りたいという気持ちを持つことが、重要なのだと思いますね。

出口　今日は本当に勉強になりました。ありがとうございました。

▼対談を終えて

中村社長とは今回が初対面でしたが、僕と共通する点が多いことに驚きました。起業したきっかけが偶然という点がまず似ています。中村社長の場合は、たまたま前職時代に親しくされていた病院の院長先生が声をかけてくださったことから調剤薬局を開業された。僕の場合は、投資家の谷家衛（たにやまもる）さん（あすかアセットマネジメント会長）を友人にたまたま紹介されたことがすべての始まりです。起業のきっかけは、実は偶然が多いのだということが確認できました。

しかも、偶然を偶然で終わらせず、チャンスに変えようと考える前向きなところも共通点です。何かの偶然やその場の勢いで「やります」「やってみます」と言ってしまったことが現実になることは少なくないし、その勢いや巡り合わせを大切にしたほうが案外物事はうまく運ぶのかもしれません。

中村社長は、トップは単なる組織の「機能」に過ぎないという考え方ですが、その点は僕もまったく同感です。ところが、世の中の社長には、自分は偉いと勘違いしている人が多いのはとても気になるところです。社員の遅刻を厳しく管理するくせに、自分は一〇時に出社するような夕イプがまさにそれです。
もうひとつ勉強になったことは、柔軟性の大切さでした。二〇歳近く年下の新浪さんと話をするのは大変だと言いながら、ためらっている様子はない。むしろその大変さを楽しんでおられる。ご本人がおっしゃる通り、好奇心が強い方なのでしょう。好奇心が強いということは、知りたがり屋ということでもあり、それは裏を返せば自分は何も知らないことをわかっておられるということです。そうした気持ちはとても大切です。自分は何も知らないからもっと知りたい、つまり、いろいろなことを知っている人を尊敬する謙虚な気持ちがある人は起業にもきっと向いているのでしょう。

湯山製作所の社長が一億円を提供してくれたという話も大変印象的でした。湯山社長と巡り合えて運がよかったとも言えますが、それだけではありません。中村社長の生き方が周囲の共感を呼んでいたという事実が、その前提としてあるのです。

そうした共感を持っているグループが存在していて、その中にたまたま湯山社長という一億円を提供できる経済力のある人がいたからこそお金や自動車を提供してくれた。共感する人がどれだけ大勢いても、みんなが貧乏ならお金は出せませんから、結果的に今のクオールはなかったかもしれない。つまり、運とも言えるし、必然と言うこともできる。

人生は、人智を超えた部分があるからこそ面白いのです。

第三章　定年間近の五七歳で創業して上場——大嶋翼さんと語る

企業を上場させる。例外もあるでしょうが、これは起業を考える多くの人にとって、共通する目標のひとつです。

しかし、五七歳で創業したという例は、おそらく過去にもそんなにはないはず。それを成し遂げられたのが駐車場の経営とコンサルティング業務で国内はもちろん、近年は海外にも進出して大成功を収めている「駐車場綜合研究所」の大嶋翼会長兼社長です。

現在、七五歳の大嶋会長は、長年ビルの管理会社に勤めておられましたが、ある事情で退社し、自ら企業を興すことになりました。五七歳といえば、定年目前の年齢です。普通ならリタイヤ後の生活を考え始めてもおかしくない時期でしょう。

それがなぜ、企業を興そうと思われたのか。しかも、創業から九年で上場するまでに企業を大きくすることができたのか。そこには大嶋会長ならではの経営哲学や、駐車場ビジネスに対する独特の考え方があるはず。人生の大先輩でもある大嶋会長兼社長に、その秘密をお聞きしてみました。(インタビュー:二〇一四年一二月一五日)

駐車場綜合研究所　代表取締役会長兼社長執行役員　大嶋　翼
おおしま・たすく／1940年、栃木県生まれ。明治大学法学部卒業後、ビル管理会社に入社。主に駐車場管理業務を担当し、1988年同社常務取締役に就任する。38年間勤め上げたのち、57歳で独立。1998年株式会社駐車場綜合研究所設立、代表取締役社長就任。1999年より駐車場改革推進協議会理事長、社団法人東京駐車協会常任理事も務める。2016年2月、経営陣によるMBOで上場廃止。

ある日突然クビに

出口　大嶋さんは五七歳の時に「駐車場綜合研究所（PMO）」を設立されたとお聞きしました。普通なら定年も目前の年齢です。この年齢で起業されるには、若い時から強い起業への願望がおありだったのですか。

大嶋　いえ、まったくの成り行きです（笑）。三八年も貸しビル業を中心にした不動産管理会社に勤めてきまして、ある日突然社長に呼び出されました。行ってみると役員が全員顔を揃えている。急な会議でもあるのか、と思っていると、社長が「君には会社を辞めてもらうことになった。条件はこう。どうしても残りたい場合は、こういう処遇だ。どうする?」と切り出されまして。クビになる理由の説明もありません。形としては質問ですが、これはすでに既定の事実なのだと思い、「辞めます」と答えました。多分、返答まで一秒かからなかったでしょう。

出口　普通は「一日考えさせてください」と言いますね。ご家族にも相談しなければいけませんから。それが即答したということは、辞めたほうがいいという直感が働いたわけですか。

大嶋　直感とは少し違います。喩えるならもう一人の自分がいて、彼がこうしたほうがいいと私を誘導したという感じでしょうか。

出口　辞めさせられる理由に心当たりがおありでしたか。

大嶋　いやまったく。会社に損害を与えたわけでもないし、務めは充分果たしていたと思います。強いて言えば、頑張りすぎていたかもしれません。自分で言うのも変ですが、駐車場部門だけで売り上げが五〇億円程度ありまして、会社の収益のかなりの部分を私が稼ぎ出していたわけです。オーナー社長というのはどうしても会社を自分が引っ張っている状況にしたいと思うもので、それが気に障ったのでしょうか。

出口　要するに仕事ができすぎたということですね。ご自身では定年までその会社にお勤めになるつもりだったのですか。

大嶋　そうですよ。だから、起業をする人は大きな夢を持って「さあ、やるぞ」と始めるのが普通なのだと思うのですが、私の場合はある日突然起業しなければならなくなった。震度一〇くらいの大地震に突然襲われたようなものです。ただ、そうなった以上は仕方ないですから、ジタバタせずに、これは千載一遇のチャンスと割り切ることにしました。

出口　どこか別の会社に転職するという選択肢はありませんでしたか。

大嶋　それはまったく考えませんでした。前の会社で駐車場専門に三〇年近くやってきましたから駐車場の管理、運営に関してはそれなりの知識やノウハウがあるし、駐車場はこうあるべきだというこだわりもあった。また、この業界のことも充分知っていますから、それを実現させてくれる会社がないこともわかっていました。

出口　これまでの経験を最大限に発揮するには自分で会社を作るしかないと考えられたということですね。僕もその気持ちはよく理解できますが、奥さまやご家族は反対されませんでしたか。

大嶋　反対はしませんが、ビックリしたでしょうね。退職金は一応出ましたけれど、会社の設立費用として一〇〇〇万円ほど使ってしまいましたし、自分で会社を興す以上、将来の保証はなにもなくなるわけです。そこで「この先一年は給料がまったく入らないかもしれないので覚悟しておくように」と宣言しました。私としては事実を正直に言っただけなのですが、これはかなりショックだったはずですよ。

部下がついてきた

出口　会社を辞めてすぐに新しい会社を興されたのですか。

大嶋　辞めますか、と尋ねられたのが平成九（一九九七）年の年末で、翌年の四月一日に新会社を立ち上げましたから、準備期間としては三ヵ月ほどですか。

出口　三ヵ月というのは相当慌ただしいですね。

大嶋　前の会社に勤めながらですからね。ただ、最初は事務員の女性と二人ですから、準備と言っても事務所を確保して机と電話を用意するだけでした。また、一〇〇〇万円の資本では駐車場を自前で持つことはできません。将来的には自社で運営までやるつもりでしたが、まずはそのための原資作りが先決です。そこで最初はコンサルティング業務から始めることに決めていましたから、私の脳みそさえあれば、始められるわけですよ。

出口　勉強不足で申しわけありませんが、駐車場専門のコンサルティング会社というのはあまり聞いたことがありません。当時、他にも存在していたのでしょうか。

大嶋　いえ、ほぼなかったですね。今はいくつか出てきていますが、はっきり言ってうちの会社はレベルが違います。どこも単なる保守管理か、受付や清掃係の職員を手配する人材派遣です。ところがうちは駐車場の設計に始まって、投資計画などのマスタープランからトータルでコンサルティングできる。なにしろ前の会社では建設から運営まで私が一人でやっていましたから、駐車場経営とは何たるかの全部がわかるわけですよ。

出口　過去に例がない業態の会社では競合はない反面、社会での認知度がありませんから、営業は大変だったのではありませんか。

大嶋　三八年間も駐車場の仕事ばかりやってきましたから、あの会社の大嶋と言えば、ある程度は名前が知られておりました。しかも、常務までやっていた人間が突然会社を辞めれば、ちょっとした話題になるわけです。なかには「本当に辞めたのか」と電話をくださる方もいまして、「はい、辞めました」と答えると、「では仕事をあげるよ」とおっしゃってくださる方もいました。特に再開発案件については豊富な経験がありましたから、日本住宅公団（現在の独立行政法人都市再生機構）や、その他の民間の再開発事業組合さんなどからコンサルタントの依頼がすぐに舞い込んできました。都市再生機構などは今も継続的におつきあいしています。

出口　有名人でいらっしゃったのですね。しかも、能力があることを皆さんが知っていたので、その人が独立したと聞けば、一緒に仕事をしたいと考える企業がたくさんあったのですね。ただ、前の会社におられた時につきあいのあった会社から仕事をいただくということは、前の会社から見ればお客さんを横取りされたことになります。もめることはありませんでしたか。

大嶋　会社を辞める時の条件として私が開発した駐車場の一部を退職金としてもらうという話も

あったのですが、断りました。せっかく独立する以上、まっさらの状態で一から始めるほうがいいですし、なにより後腐れもないからです。その代わりと言ってはなんですが、これから先については好きにさせてもらうよ、ということですね。

出口 それだけ依頼の仕事が来れば、会社が黒字化するのも比較的早かったのでしょうね。

大嶋 おかげさまで、コンサルタントの仕事もコンスタントにいただきましたし、運営を委託したいというところも出てきましたから、初年度から黒字です。この運営の仕事は日銭が入ってくるので、非常にコストパフォーマンスがいいわけです。二年目以降は経営が大変楽になりました。

出口 それは素晴らしいですね。最初は事務の女性と二人で始められたわけですが、それだけ順調に仕事が入ってくれば、すぐ人手不足になりませんでしたか。

大嶋 元いた会社で私の部下だった者が、私と一緒にやりたいと一人、二人と移ってきまして、二年目には四人に増えていました。私には非常に嬉しい話ですが、前の会社としては面白くないですよね。もちろん私から引き抜いたわけではありません。しかし、そう感じるかもしれない。そこでこう言いました。私を慕ってくれるのは嬉しいけれど、一度に急に来ないでくれ。来るなら少しずつ、それも時間を空けるようにしなさい、と。早く移りたいと思っていた連中からすれば、イライラしたかもしれませんが、おかげで特に問題になることはなかったですね。

サービス業とは掃除と土下座

出口　転職ではなく起業を選ばれたのは、自分が考える駐車場像を実現できる会社がなかったからだとお聞きしましたが、それはどんなイメージなのか教えていただけますか。

大嶋　夢というと青臭く聞こえるかもしれません。目指したのは「駐車場をサービス業にする」ということでした。サービス業とは突き詰めればお掃除と土下座だ、というのが私の解釈です。たとえば何か相手が怒ることをして、一生懸命説明しているのだけれど、なかなか許してもらえない時がありますね。でも、そこで土下座をすれば一〇〇人のうち九九人はわかってくれます。要は駐車場を通じて町と社会に徹底的に奉仕して誠意を尽くすということですね。社是を「ありがとうのひとことのため」としたのも、そうした気持ちからです。

出口　駐車場に対してそれだけ強い思い入れや理念を持って取り組んでいる会社はたしかにないかもしれません。だからそれを自分で作るしかない、と。まさにベンチャースピリットですね。

大嶋　未開の地に畑を作ろうと思ったら土地を耕すことから始めないといけないわけですから、それはそれで大変ですが、その分楽しみもありましたね。

出口　サービス業としての駐車場の理想型のようなものはありますか。

大嶋　一言でいえば「入りやすくて、出やすい」ということです。お金を払って駐車場を利用してくださるお客さんにとって、最も使いやすい駐車場と言い換えてもいい。ところが、これがわかっている人はほとんどいません。駐車場が入っている建物のオーナーや、なかには自分たち管理・経営する側にとって都合がいい駐車場になっている場合もある。これでは利用するお客さまに「ありがとう」と言ってもらうことはできません。逆に、わざわざありがとうと言ってくださる方は、本当に喜んでくださっていますから、もう一度必ず来ていただけます。

出口　リピーターになってくださる、と。

大嶋　特に四〇代、五〇代の奥さまはなにごとに対しても評価が厳しいですから、そういう方が喜んでくださると、必ず周りの一〇人くらいに「あそこの駐車場はいいのよ」と話をしていただける。するとそれを聞いたお友達がうちの駐車場を利用してくださり、その通りだと思うとまた知り合いに広めてくださる。口コミ営業をしてくださるわけです。千葉の柏にある帝国ホテルの駐車場もお手伝いさせていただいているのですが、以前あるお客さまから、「ホテルの従業員より駐車場の人の対応のほうがよかった」とレターをいただいたこともありました。あれは嬉しかったですね。

出口　そうやってファンがどんどん増えたのですね。

大嶋　その通り。そういうオペレーションが完成した駐車場は、非常に経済的価値が高いのです。たとえばデパートの駐車場を考えてみましょうか。自転車で来店されたお客さまの買い物は三〇〇〇円が上限です。これに対して自動車で来た方は一台当たり一万円以上の買い物をしてくださる。一〇〇〇台の駐車スペースがあるとして、これが一日一回転なら一〇〇〇万円ですが、二回転なら二〇〇〇万円、三回転だと三〇〇〇万円。この回転は駐車場が使いやすいかどうかも大きく影響している。入れにくくて出しにくいとそれだけで来客数が減るし、駐車までの時間がかかればそれだけ回転数が落ちる。結果としてそれが百貨店自身の売り上げに大きく響くわけです。

出口　上物自体の規模が大きくなればなるほどその差は広がりますね。

二人から始めて一〇〇〇人に

大嶋　規模によっては億単位で差が出る場合もある。要するに回転率ですよ。たとえば、一台当たりの駐車スペースを規定ギリギリにすれば駐車可能な台数は多く取れるけれど、そうすると駐車に手間取ることになる。百貨店ならその分、買い物の時間が犠牲になるかもしれません。反対に広くすれば駐車可能台数は減るけれども、移動や駐車するための時間が短縮できるから、お客さまの入れ替わりがスムーズになる。どちらが経済的に効率のいい駐車場かは誰でもわかりますよ。

立体の駐車場でも一階から最上階まですっと上がれるところと、つねに渋滞しているところがあるでしょ。あれは動線に問題があるわけです。一番いいのは一階から一方通行の一筆書きでぐるぐると流れる駐車場。これを実現するには単に平面をどう構成するかだけではなくて流体力学がわかっていないとうまくいかないと私は思っている。

出口　駐車場の設計に流体力学を応用されているというのは驚きです。駐車場の回転率が上がれば施設全体の効率性も高まる。これからの駐車場はそこまで考えないといけないのですね。

大嶋　そう、そこが貸しビル業と駐車場経営の最大の差です。貸しビルの場合は平米当たりの賃料がいくらなら、月の収入はいくらと固定される。ところが駐車場の場合は工夫次第で回転率が上がるから、それに応じて売り上げが増える。つまり、立体事業なのです。不動産事業が「㎡事業」とすると、駐車場事業は「㎥事業」と考えています。

もうひとつ、スムーズなオペレーションを実現するために大切なのが、出入り口の位置をどこにするか。これが適切だと公道からすんなり駐車場に入れるけれど、おかしな場所に出入り口があるとそれだけで渋滞してしまう。そうすると無駄なガソリンを使うわけですから、環境にも悪い。逆にスムーズな出入りができれば、省エネになる。やや大げさに聞こえるかもしれませんが、駐車場ビジネスは環境ビジネスでもあるわけです。

出口　僕も日本生命時代にビルの管理会社に出向していた経験があるのですが、そうした発想は一度も思いつきませんでした。現在、駐車場綜合研究所で管理している物件はどのくらいおありですか。

大嶋　駐車台数が五～六台のごく小規模な物件を除いて、ある程度の規模がある物件だけで一〇〇現場以上はあります。代表的なものとしては秋葉原駅前の複合施設「ＵＤＸ」や品川駅正面の「品川インターシティ」、全国のイトーヨーカドーともかなり多くの契約をいただいていまして、一ヵ所で一五〇〇台規模の物件を七ヵ所ほどやらせてもらっています。「ＵＤＸ」「品川インターシティ」では駐車場全体の経営責任という形でかかわらせていただいています。

出口　それだけの数のオペレーションをこなすにはかなりの人員が必要ですね。現在スタッフは何名程度抱えていらっしゃるのですか。

大嶋　社員は一三〇名で、アルバイトが約八〇〇名。間もなく一〇〇〇人体制になる予定です。二人から始めて一〇〇〇人ですから五〇〇倍ということですが、規模の問題よりも自分が考える駐車場が認められたと考えれば、それが嬉しいですね。

ピンチでは逆に心が鎮まる

出口　ここまでお聞きしていると非常に順調に進んでこられたようにお見受けしましたが、大きな危機はありませんでしたか。

大嶋　まさか、けっこうありましたよ。驚かれるかもしれませんが、駐車場で優秀な係員は三〇

○台以上の車種とナンバーと運転手を結びつけて記憶しているのです。ホテルのベテランドアマンは数千人分ものお客さまの顔と肩書を記憶しているといわれます。あれと一緒です。なかには排気ガスのにおいでクルマの状態まで判別できるというから私も驚きました。それで、かなり前のことですが、その係員があるクルマの不調に気付いて、立体ではなく平面のスペースにクルマを誘導したところ、数時間後にエンジンから出火したのです。すぐに火を消し止めて大事には至らなかったものの、機械式に入れていたら大惨事になった可能性がある。まさに危機一髪でした。

ただ、性格的なものもあるのでしょう、そういうピンチが起きると、不思議にすっと心が鎮まるんです。ちょっと走りすぎているぞ、ともう一人の自分が教えてくれるというのかな。あとはその声に導いてもらってもう一度歩き出せばいいという感じですね。あるがままの自分を見つめることを自分では意識しています。嘘はつかない、自分に正直。泥棒をしたら言い訳せずにそれを認める。「消しゴムのない人生ぞ、汗まみれ」と私はいつも言っているのですが、まさにこれですよ。

出口　やったことは消せないけれど、汗まみれで頑張ったことは必ず形になって残る、ということですね。

大嶋　それと消しゴムのない人生というのは、途中で投げないという意味もある。続けていればかならず成功しますよ。少なくとも失敗はない。駐車場の仕事を五〇年もやり続ける人は私しかいないわけです。おかげで気がついたらこの世界で一番の専門家です。

出口　どこかに自分に合ったものがあるというのは、青い鳥を探すようなものです。諦めて別の世界に移れば、それはつねに素人からのスタートになることを覚悟する必要があるのでしょうね。

大嶋　出会ったものを受け止めて、それを丁寧にやりつづけていけば、かならず神様は見ていて、いい方向に導いてくださいますよ。

出口　今後についてはなにか具体的な計画はありますか。

大嶋　中国ですね。四年前から徐々に準備を始めて三年前から本格的な営業を始めました。中国の街作りやインフラは日本に比べ二〇年以上遅れている。それはわれわれのノウハウが生かせるということでもある。しかも、あれだけの規模の国ですからね、未開の広大な原野が広がっているようなものです。

出口　すでに中国でも管理や運営を受注されているのですか。

大嶋　ええ、二〇一三年からは黒字になりました。次に手がける予定なのは、成都にできるイトーヨーカドーの駐車場で、予定では敷地面積一三四万平米、駐車台数一万台以上。おそらく世界でも最大規模になるのではないでしょうか。

出口　中国へは御社が単体で出られているのですか。

大嶋　われわれ単体で進出した会社と合弁会社で合わせて四社を設立しましたが、基本的にすべて現地スタッフに任せています。特に中国トップ（董事長）は中国人の女性にすべてを任せています。コンサルタント業務や運営などの専門知識がある人間を一人、日本から送っていますが、経営戦略にかかわっているのは私と女性董事長の二人です。

着実に伸びることを目指す

出口　現地の人の価値観が違えば求めるものも違うでしょうから、企業経営は大変ではありませんか。

大嶋　簡単ではないですね。現地の社員教育は特に苦労しました。日本ではなにか指示を出せばすぐ「わかりました」となるのですが、向こうではそれはあり得ない。なぜそうなのか、理解しないと動きません。日本なら二分で終わることを三〜四時間かけて議論することもあります。自分の意見を述べて自己主張することが、能力を示すことだと考えるらしいですね。文化の違いとわかっていても、「わかったからもういい加減に黙れ」と言いたくなりますよ。ただ、中国で仕事をする以上、私のほうがそれに合わせるしかないと今は思っています。

出口　郷に入っては郷に従え、ですね。実際のビジネスについてはいかがですか。

大嶋　彼らの考えを理解するには時間がかかりましたが、やりにくいとは言えません。中国で大規模な開発をする企業は総じて莫大な財力を持っていますから、ひとつの案件に世界中からトップクラスの技術者が集まってくる。彼らと議論しながら計画を進めるのはまさに戦いで、その様子をつねにオーナーも見ている。日本のように現場にお任せではありません。ただ、幸いにそうした現地の大企業のトップは例外なく世界の都市を見ていますから、最先端の駐車場がどういうものかもわかっている。インテリですから理解力がありますし、なにより決断が速い。一旦気に入っていただければ、あとは「ＰＭＯさんやってください」となる。その意味ではむしろ日本よりも仕事がしやすいかもしれませんね。

出口　設立一六年になるそうですが、その間に株式も上場されました。株を上場すれば、株主のことも考えなければなりません。業績を上げることを優先すれば、手間とコストのかかる人を使った駐車場よりも、機械で管理する駐車場を増やすことを考えそうですが、そうした誘惑はありませんか。

大嶋　株主の中には目先の業績拡大を望む人もいると思います。企業の中にもそれに応えることが経営者の義務だと考える人もいるでしょうし、それは否定しません。でも、私はそういう考え方で経営しているわけではありません。目先の利益に目を奪われすぎると、必ず無理をしてしまい、どこかでつまずくと思うから。そうではなく着実に伸びていくことを目指しています。売り上げで言えば、今期は六五億円で、もうすぐ七〇億円になりますが、これが適当な数字で、一気に一〇〇億円にしようとは思いません。そういう私の経営方針に賛同していただける方に株を持ってもらいたいと思っています。

出口 僕は五〇代が人生で最強の年代で、独立するにも最適だと考えていますが、三〇代で起業した人に比べれば、やはり残された時間が少ないのは否定できません。それだけに起業した後はできるだけ急いで会社を育て上げたいと思う人もいると思うのですが、大嶋さんはそういうお気持ちはまったく持っておられないようですね。

大嶋 今七四歳ですから、平均寿命まで現役でやれたとしてもあと六年。長生きできても一〇年でしょうか。その意味でカウントダウンに入っているのは確かです。その間にできることに限りがあることもわかっています。だから、中国のように急ぐものは急いでやりますが、そうでない部分は無理をせずに次の世代に任せる。そのあたりの線引きを明確にするのも、経営者の仕事ではないでしょうか。

出口 おっしゃるとおりです。経済が成熟している国内で急拡大を目指すとどこかに歪みが出ますが、国自体が急成長している今の中国では、のんびりしていたらすぐに手遅れになりますね。

大嶋 そう、誰かに先を越されたら終わりですから。自動車で言えば五速ミッションに入れてアクセルも床まで踏みっぱなし。この先どこまで加速できるかわかりませんが、突っ走れるだけ突っ走ってみようということですよ。駐車場にかかわって五〇年以上経ちましたから、この世界に関しては最強の七〇代だと自分では思っていますよ。

出口　無敵の五〇代から始まって最強の七〇代に突入されたわけですね。

▼対談を終えて

大嶋さんのお話を伺って、心に残ることがたくさんありました。

まずは、どんな仕事を始めるにしても、自分がよくわからないことをやってはいけない。当たり前と言えば当たり前なのですが、周りを見ると意外にそうでもない例があります。専門知識があるわけでもないのに、この分野は成長すると言われているから、始めてみるか。そうした気持ちで起業している人はけっして珍しくありません。

しかし、当然ですが、その大半は失敗に終わっているのではないでしょうか。すでにその分野で長年仕事をしてきた人と戦って、なにも武器を持たない新参者が勝てるはずがありません。逆に言えば、自分が長年携わってきた分野で起業すれば、有利な戦いができる。至極当然ですが、大嶋さんの成功を拝見していて、改めてそのことを思い知らされた気がします。

もうひとつ、大嶋さんのケースが面白いところは、会社をクビになったことが起業するきっかけになったということです。しかも、クビになった時、他社への転職はまったく考えなかった。自分より駐車場についてよく知っている人間はどこにもいない。だとすれば、どこかに移れば自分より知識の少ない人間に使われることになるし、そんな人と仕事をして、理想の駐車場ができるわけがない。だったら、自分で会社を興すしかない。そう考えられた。

それは使命感という言葉で表すことができます。これが実は起業を成功させるための非常に重要な要素ではないでしょうか。自分はこのために会社を興した。その気持ちが明確であれば、多少の障害が起きても頑張れます。結果的に成功する確率がぐっと高まるわけです。

急拡大を目指さない点も感心させられました。無理をして大きくなったものは、必ずどこかでそのツケが回ってくるもの。それを大嶋さんはよく知っておられる。以前、ある人から、せっかく上場会社の社長になったのに売り上げをごまかして引責辞任に追い込まれたという話を聞きました。彼は周りの期待が大きすぎて、つい粉飾をしてしまったと言っていました。上場まで持っていったのに、残念な話です。

特に中高年以降の起業では、時間が限られるため、ついついアクセルを踏みすぎになる。しかし、それは危険と隣り合わせであることを自覚しなければいけません。リスクが少ないからチャレンジできることがシニア起業のメリットですが、会社を潰せば一緒に頑張ってくれている仲間に迷惑をかけるかもしれない。もちろん取引先にも損害を与える。そのことを充分、頭に入れて、巡航速度で航行することが大切なのです。

ただ、大嶋さんが素晴らしいのは、着実な成長を目指される一方で、中国のような成長著しい市場ではアクセル全開で臨んでおられる。高度成長している市場が目の前にあることがわかっているのに、指をくわえて見ている場合ではないだろう。ここは一気に勝負をかけないとみすみす誰かにおいしいところをさらわれてしまう。それがわかっておられるからです。

つまり、無理をしないことは大事だが、ここが勝負どころだと判断すれば、その時は躊躇（ちゅうちょ）せず、果敢にチャレンジする。このメリハリが非常によくきいている。なぜ、それができるのかと言えば、無理をしないのも、フルスロットルで走るのも、そこには明確な理由があるからです。単に経営者がそれを好むからとか、誰かがそれがいいと言ったからではなく、すべての行動に熟慮と判断がある。しかも、大嶋さんの場合、どちらの戦術にも対応できる能力を持っておられる。それは大いに見習いたいと思いました。

大嶋さんの行動にはどこにも無理がないのです。あるがままに生きておられるから、ストレスがたまらない。これは僕も一緒です。自分が心からそうだと思うことしか話さず、やらなければ、ノーストレスです。かっこつけてみたり、反対に卑下してみたりすると、とたんにストレスがたまる。無理をしていることを自分自身が知っているからです。なぜ、あの時あんなことを言ってしまったのかと後悔するから心が苦しくなるのです。

周りが求めるからやる、という考え方もあるでしょうが、それは結局のところ長続きしません。それよりも自分が心から面白いと思えるか。そうした観点でなにごとも判断するほうが、いい結果につながることは間違いありません。

第四章　子供の頃の夢を五〇歳で実現——牧野克彦さんと語る

起業する人には大きく分けて二つのタイプがあります。はじめから社長になりたいと念じてそのための努力をし、結果的に社長になった人と、本人にその気はなかったもののさまざまな偶然から気がついたら社長になっていたという人。僕自身は間違いなく後者ですし、中村勝さんや大嶋翼さんもそうでした。どちらがいいとか、成功しやすいということはないのでしょうが、意外に後者のタイプが僕の周りには多いような気がします。

前者に入るのが「住宅環境設備」の牧野克彦社長です。子供の頃から町の電気屋さんに憧れ、「牧野電気」の看板を出すのが夢でした。しかし、縁があって入社した電設資材卸販売商社に三〇年勤務され、ようやく独立されたのは五〇歳の時です。それも、必ずしもスムーズな旅立ちではなかったとお聞きしています。

しかし、そんな逆風に負けることなく事業を拡大していかれます。当初の電気設備工事に加えて新たな事業の柱が育ちつつある現在も、社員の先頭に立って働きつづける牧野さんに、そのバイタリティーの源泉と、ドラマチックな人生についてお聞きしました。（インタビュー：二〇一四年一二月一〇日）

住宅環境設備　代表取締役　牧野克彦
まきの・かつひこ／1944年、東京都生まれ。東京電機大学卒業後、電気工事材料の卸会社に勤め、住宅関連の開発部門に携わる。その後、営業部長を務めるなど30年にわたって活躍し、1996年に独立。翌1997年に住宅環境設備株式会社を設立し、堅実な経営で成長を遂げてきた。趣味はヘラブナ釣りのほか、手品や学生時代から続けるウクレレ演奏など多彩。尊敬する人物は山本五十六。

二〜三年就職のつもりが二八年

出口　起業する人には若い頃から準備して起業を目指す人と、成り行きで起業する人の両方のケースがあるように思います。二〇代、三〇代で起業している人は大半が前者のようですが、五〇代以上で会社を興した人には後者が多いように感じます。僕自身は前の会社に定年まで勤めるつもりだったのですが、さまざまな偶然が重なってライフネット生命という会社を立ち上げることになりました。牧野社長はどちらのタイプですか？

牧野　私は前者です。子供の頃から町の電気屋さんに憧れていまして、いつかは「牧野電気」という看板を出すのが夢でした。

出口 それで東京電機大学にお入りになった。でも、大学卒業後は会社に勤められますね。

牧野 卒業後すぐに独立するつもりでした。日本ビクターの本社に、「特約店になりたいのですが」と学生服を着て行ったら驚かれましたね。簡単にはなれないというので、どうすればいいか尋ねたところ、修業して電気の仕事を覚えてからでないとダメだ、と言われました。それでミツワ電機に就職したのです。

出口 ビクターに行かれたのには何か理由があるのですか?

牧野 叔父がビクター向けにテレビのつまみなどのスイッチを下請けで作る会社をやっていまして、いい会社だと聞いていたものですから。

出口 では、ミツワ電機に就職されたのは、独立に向けた修業だったのですね。

牧野 そうです。最初は二〜三年のつもりでしたが、結局二八年です。電気の仕事がそれほど甘いものではないことがわかったのと、もうひとつ事情がありまして。私の父は職業軍人で、昭和天皇にお仕えする近衛歩兵一連隊の少佐でしたが、当時のミツワ電機の社長が偶然にも近衛師団で父の部下だったのです。もちろん私はそんなこと知るはずもありません。入社後にたまたま父の名前が出た時に気付いたのでしょう。「よく見るとたしかに親父さんに似ているな」と。そうなると、父に恥をかかせるわけにいきませんから、変な辞め方はできなくなりまして。

出口 では、その後は仕事一筋ですね。

牧野 いや、それがちょっと違う(笑)。私は大学時代からハワイアンのバンド活動に夢中でした。そのことで父ととっくみあいの喧嘩をしたあげくに家を追い出されたほどです。学費稼ぎのために新宿のナイトクラブで働き、けっこう稼いでいまして、大卒の初任給が二万円の時代に六万五〇〇〇円取っていました。身体を壊したせいで就職後はしばらく音楽から離れていたのですが、自分の家が欲しくなって夜のアルバイトを再開したところ、悪いことはできませんね。課長に見つかってしまいました。

出口 新入社員で家を買いたいというのもすごい話ですが、会社は大騒ぎでしょう。

牧野 翌朝、社長室に呼び出しです。クビを覚悟して辞表を懐に入れていきました。社長が「おまえ、そんなに音楽がやりたいのか」と言うので、「はい」と答えたところ、「よしわかった。そんなに好きなら会社でやれ」と楽器まで買ってくれました。

出口 いい社長さんですね。

牧野 しかも「おまえがそこまで悪い奴と見抜けなかった責任は俺にある」と。その言葉にほろっときて、この社長に認められる人間になろうと仕事も音楽も本気でやったところ、気がついたら二八年です。

自分から会社を飛び出す

出口　それだけ惚れ込んだ社長の下で働けるのは幸せですね。五〇歳になって独立された時は、何かきっかけがあったのですか。

牧野　私に独立願望があることは早い段階から社長にも伝えていたところ、五〇になった時社長に呼ばれまして、「今も自分で会社をやりたい気持ちは変わらないか」と聞かれました。「はい」と答えると、じっと私を見て、「よし、ここまでよく仕えた。無罪放免だ」と言ってくださったのです。

出口　それで会社を辞めて起業されたわけですか。

牧野　私もその予定でした。ところが、社長は新会社を作り、私を社長に据えると言うのです。しかも、出資比率は社長と私で五〇対五〇。それでは経営の自由度が確保できないので、「私五一、社長四九にしてください」とお願いすると、しばらく考えていましたね。これはだめか、と思っていると、「今までそんなことを言ったのはおまえが初めてだが、いいだろう」と笑顔になり、認めてくださった。

出口　またドラマのようですね。

牧野　ところが、ドラマはそれで終わりませんでした。この話をしたのが金曜日で、週明けに会社で決議されることになったのですが、当日に社長が亡くなってしまったのです。途端に社長と対立していた一派が勢いづきまして、社長は認めたかもしれないが会社としてはなにも聞いていないという話に変わってしまいました。私が社長に可愛がられていることを快く思っていなかったのでしょう。このまま勤め続けてもいいことはないと思い、自分から飛び出すことになりました。

出口　向こうとすれば、追い出す口実が欲しかったのかもしれませんね。

牧野　ただ、このまま辞めると私が何か悪いことをしているように周囲から思われかねません。そこで弁護士に入ってもらったところ、向こうも負い目があったのでしょう。最終的に三〇〇万円の和解金を払ってもらえました。体のいい手切れ金ですね。

価格競争では大手に勝てない

出口　そういう喧嘩別れをしてしまうと、取引先などそれまでの人脈が使えないでしょうから、起業後は大変ではなかったですか。

牧野　私も覚悟はしていたのですが、幸運にもそれはありませんでした。新社長が私に理不尽なことを言っていたことを知っていましたから、別会社を間に挟んで商品を卸してくれる会社もありました。中にはミツワが文句を言ってきたらミツワとの取引がなくなっても牧野さんのところに卸すと言ってくれた人もいました。あの時は大げさではなく、涙が出ました。

出口　それは牧野さんが信頼されていたからですね。

牧野　それはわかりませんが、商品を買う相手も、買ってもらう相手も同じように大切にすることは心がけていました。たまたま会社の立場がそうだというだけで、その人が偉いわけでもなんでもないわけですから。

出口　会社の役職や立場などというのは機能であり、単なるファンクションですからね。

牧野　でも、それに早く気付くか、遅く気付くかで、その人の人生に大きな違いが出ると私は思っています。私の場合はたまたま早い段階で気付いたのがよかったのでしょう。ただ、ビジネスにおいてなれ合いになることも絶対にしませんでした。できない注文にははっきりできないと言う。商売は戦争です。よそに自分のところより安い値段で売ったといって、怒っている人はいると思いますよ（笑）。

出口　ライフネット生命も日本生命など大手生保の半額で保険を売っているので、僕が独立した時は元同僚の多くはけしからん奴だと言っていました。でも、中には僕がやっていることが本来の生命保険の姿だと理解してくれる人もいる。設立時から今日まで、当社のアドバイザリーボードの議長は元日本生命の副社長の方がやってくださっています。

牧野　前の会社とトラブルにならずにすんだもうひとつの理由は、独立後はそれまでミツワ電機でやってきた仕事と大きく方向を変えたことです。ミツワ時代は商品をメーカーから仕入れて販売するのが中心でしたが、独立後は工事や施工までやる会社にしました。そうしないと小さい会社は価格競争で大手に太刀打ちできないことがわかっていたからです。「住宅環境設備」という社名にしたのも、そういう気持ちからなのです。

出口　そのような発想は会社に勤めていた時から温めておられたのですか？

牧野　そうです。独立する一〇年くらい前ですか。四〇歳くらいの時ですが、ある高齢者のお宅に照明器具の取り付けで伺ったことがありました。作業が済んで帰ろうとすると、「悪いが換気扇も見てくれないか」と頼まれました。お得意さんですから「いいですよ」と言うと、次は「電話も調子が悪いのだが……」と、次々に言ってくる。照明や換気扇はともかく、電話は専門外で手に負えません。仕方なくＮＴＴに電話をかけてなんとか片付けると、非常に喜んでくれるわけです。その時、お客さんの笑顔を見て、これからの時代に求められるのは、家のことなら何でも相談に乗れるドクターのような存在だと思ったのです。

出口　失礼ながら住宅環境設備という、けっして今風とは思えない社名も、そういうお気持ちから付けられたのだとお聞きすると、すごくいい名前に思えてきました。ただ僕は専門ではないので詳しくはわかりませんが、電気工事にはそれぞれ専門の資格がないとできないことが多いように聞きますが。

牧野　その通りです。私自身、電気、ガス、水道と、家庭のライフラインにかかわる資格は取れるだけ取りました。実は、これも恥ずかしい話ですが、四〇になるすこし手前で上司と大喧嘩をしまして、やけ酒を飲んで家に帰った時、子供の無防備な顔を見てふと思ったわけです。明日、会社を辞めてもこいつらを食わしていけるだろうか。翌日、ハローワークに行って、今転職したらどれくらい給料を取れるか調べると、想像以上に安い給料の仕事しかない。ハローワークの職員に尋ねられるのは、なにか資格を持っていますか？　です。いくら営業を一〇年やっていますと言ってもダメで、信用されるためには資格を取るしかないとわかりました。

出口　僕も日本生命からビル管理会社に出向していた時に宅建主任とファシリティマネージャーの資格を取りました。難関というほどの資格ではありませんが、それを持っているだけでその業界の人と話をする時には、相手が信用してくれました。

牧野　実務ができることも重要ですが、資格がないと信用されません。その道で仕事をしたいと思うなら、資格は取れるだけ取るべきでしょうね。

社長が現場に出るのは当たり前

出口　設立は一九九七年です。景気がかなり悪かったと思いますが、順調に船出することができましたか。

牧野　資本金として一〇〇〇万円準備しましたが、事務所の保証金に七〇〇万円、机など事務機器と自動車を買ったらなにも残りません。まさに一か八かの勝負でした。

出口　最初はお一人で始められたのですか。

牧野　前の会社の時の知り合いが、私が独立すると知って一緒にやらせてほしいと言ってくれまして、二人で始めました。

出口　では社長みずから現場に出ないといけませんね。

牧野　そうです。徹夜で作業をして、そのまま一睡もせず高速道路を飛ばして次の現場に向かうのが日常茶飯事でした。運転しながらふと自分がどこを走っているのかわからなくなることもありましたよ。でも不思議なもので、頭では次の現場に一刻も早く向かわなければと思っているのに、無意識のうちに次の出口で高速道路を降りている。あ、いかんと思って再び高速に乗るのですが、気がつくとまた降りている、などということもありましたよ。

出口　脳が無意識のうちに危機を回避するのでしょう。無事でよかったですね。

牧野　さすがに作業が終わった時は運転して帰る気力もなかったので、妻に迎えに来てもらいました（笑）。

出口　社長自身が現場作業をする時代がどれくらい続いたのですか。

牧野　一〇年は続いたと思います。会社が休みの日曜日に工事依頼が入った時など、社員は休ませてやらないといけませんから、ほとんど自分でやっていました。最近は自分で現場作業をすることはありませんが、いつ現場に出ても困らないよう、自分用にしている「エスティマ」には工具一式と脚立から毛布まで、つねに積んでいますよ。

出口　やっぱり現場がお好きなのですね。ただ、前の会社では役職に就いて大勢の部下を使っていたのに、独立して社長になったとはいえ、現場で作業をすることに抵抗はありませんでしたか。

牧野　正直に言えば、最初の一年くらいはいやだと感じることもありました。前の会社では営業部長でしたから、相手の挨拶は最敬礼だったのが、独立後は「あっ、こんにちは」と気軽になる。世の中とはそんなものなのか、としみじみ感じましたね。ただ、その時、こう思ったんです。自分がやりたかったのは街の電気屋じゃないか。だったら社長が現場に出るのは当たり前。率先して私がなんでもやってみせて、言って聞かせるのが仕事だろうと頭を切り替えました。

出口　山本五十六ですね。たしかに自分が本当にやりたいと思って起業した人は、平気で切り替えられますね。僕も日本生命の部長時代には新幹線に乗る時は会社の規定でグリーン車を使っていましたが、今は普通車でもまったく苦になりません。ベンチャー企業ですからそれが当たり前なのです。その切り替えができない人は起業すべきではありません。

牧野　私の場合はバンドをやっていた時の経験がよかったのかもしれません。演奏が終わってステージを降りる時は必ずお客さまに黙礼をする。それはお金をいただくのですから当然で、あれで自分より年下に頭を下げることも平気になりました。

出口　結局は志の問題ですね。高齢化社会で喜ばれたいという純粋な気持ちが牧野さんにあったから、現場仕事も苦にならないし、お客さまにも自然とそれが伝わるから成功する。高齢化社会になるからこれをやれば儲かるに違いないという下心がないところが素晴らしいと感じました。

牧野　本気でないものは商売に出ますよ。うちは若い社員に会社の前の道を毎日ほうきで掃かせているのですが、今日は掃き方が雑だったので、彼に言ったんです。なぜ、掃くのかわかるか、と。きょとんとしていました。それは荷物の積み卸しでクルマを駐車し、騒音など近所にご迷惑をかけているから「いつもすみません」という気持ちで掃除をしないとダメだと、私がほうきを持って手本を見せました。

出口　誰かに言われたから仕方なくやる仕事はどこか雑になるものですね。

牧野　しかも手抜きをすると必ずどこかで誰かが見ている。逆に心からやっていれば、それもまた見てくれている人がいる。天知る、地知る、我知る、子知るですよ。

出口　僕も企業は地域に溶け込まなければダメだとつねに考えています。ライフネット生命は今千代田区の麴町にあるのですが、ここに移転した時は「新参者ですが、よろしくお願いします」という気持ちから近くの小学校に木を植えさせてもらいました。

牧野　うちも近所の商店で売っているものは必ずそこから買うようにしています。中には、もっと安い店がありますよと言う社員もいるのですが、それはダメだと言っています。近所に可愛がられない会社は、たとえ世界に進出するグローバル企業であったとしても、地域に受け入れられるはずがありませんよ。

大病で倒れてごまかす

出口　設立から一七年経過されたわけですが、業務内容に変化はありましたか。

牧野　電気などの設備関連が中心なのは変わりません。一方で新たな柱を作る努力を進めています。そのひとつが、介護用の浴槽です。海外からスポーツ用品を輸入する仕事をやっている義弟が、アジアへの進出を検討しているイギリスの会社から相談を受けて、うちが扱うことになったのです。私は以前から社会貢献に関心がありました。会社を興して雇用を作ることも一種の社会貢献でしょうが、それだけでは充分とは言えません。日本が抱えている問題の解決に寄与することが社会貢献だと考え、その意味でも介護用の浴槽を紹介することは意義があると思ったのです。

出口　お風呂は高齢者にとって確かに大きな楽しみですね。

牧野　この商品を扱うにあたり、高齢者施設を回って「楽しみはなんですか」と話をお聞きしました。すると一位は食事で、二位はお風呂です。お聞きすると、以前は毎日お風呂に入っていたけれど、施設に入ってからは週に数度しか入れない。その話を聞いて、この商品は必ず喜んでもらえると確信しました。

出口　すでに販売を始めておられるのですか。

牧野　五年前から取り扱いを始めましたが、当初三年間は商品を知っていただくためのPRに専念してきました。ようやく去年（二〇一三年）から本格的に販売を始めたところです。営業先は高齢者施設を中心にしていまして、おかげさまで興味を持っていただいています。

出口　会社設立のきっかけが、おじいちゃんおばあちゃんのお宅で換気扇を見てほしいと言われたことだとおっしゃっていました。介護用の浴槽も高齢者に喜んでもらえるという意味で、すべてが一直線につながっているのですね。

お聞きしていると、ここまで比較的順調に来られたように感じましたが、大きなピンチはなかったのですか。

牧野　大変だったのは、五八歳で脳梗塞をやった時ですね。妙に肩がこるなと感じていました。ゴールデンウィークに入る直前だったから無理したんでしょう。朝起きたら吐き気はするし、天井がぐるぐる回り出した。これは普通でないと思ったら、そのままバタンと倒れてしまった。音を聞いて妻が部屋に飛んできたから起き上がろうとしたものの、足に力が入らない。なんとか妻につかまって起きようとしても、片方の足に力が入らないんです。妻は救急車を呼ぼうとしましたが、休日の朝なのでご近所迷惑になると思い、なんとか表通りまで這っていってタクシーで病院に。でも、それがよくなかった。救急車を呼べば急患ですぐ診てもらえるのですが、タクシーだから普通の外来扱いになってしまう。でも、症状を話しているとこれは只事ではないとわかって、なんとか診てもらえました。もちろん、即入院です。

出口　五八歳というと起業して七年目。社員も増えていたでしょうから心配ですね。

牧野　一五人くらいの頃ですが、まだ私も現場に出ていた時代でした。そこで私が倒れたとわかってしまうと、お客がよそに逃げてしまいます。仕方なく、女子社員に毎晩仕事の進行状況がわかる資料を病室に運んでもらい、翌日の手配を指示することで、なんとかごまかした次第です。

出口　今なら携帯電話とメールでかなりの仕事ができますが、当時は難しいでしょうから、大変でしたね。結局、どのくらい入院されたのですか。

牧野　一ヵ月半です。銀行には知られてしまいました。今なら検査入院ですとでも言えたでしょうけれど、あの頃はそんな言葉知りませんから。なんとか取引先までは漏れずに済んだのは不幸中の幸いでしたね。

出口　とてもお元気なので、そんな大病をされたとは思いもしませんでした。

価値があることに意地を張れ

出口　当初の「牧野電気」の看板ではなくとも、自分の会社を作るという夢は叶ったわけですが、これから先の目標についてお聞きしていいですか。

牧野　社員の協力のおかげでなんとか食っていける状況にすることはできました。しかし、事業をより安定させるためには柱を四本にする必要があると考えています。一本目は設立時から続けている照明器具の設置と販売。二本目は浴槽を中心にした介護関連事業。そこまではある程度目鼻が立ったので、今後は残りの二本をいかに立てるか。これが目標です。

出口　具体的な内容はすでに頭の中にあるのですか。

牧野　ええ、三本目として考えているのが、盗聴器の調査です。近年、自宅が盗聴されているのではないかと不安に感じる人が増えているのはご存じの通りです。いろいろと調べてみましたら盗聴器の調査ビジネスが非常にいい加減だということがわかりまして。たとえば、ある人がA社に盗聴器調査を依頼すると、A社の社員は盗聴器を調べるフリをして、こっそり盗聴器を仕掛けてくる。その上で「大丈夫でした」とお客に報告書を出す。それから数ヵ月後に別のB社が営業に行く。お客さんは「前に調べてもらったから大丈夫です」と断りますよね。そこでB社は「見つからなければ代金は不要ですから調べるだけ調べさせてください」と言って上がり込む。そしてA社が仕込んだ盗聴器を発見して「ありましたよ」と言って高い料金を取る。こういうのがまかり通っているのです。

出口　当然、A社とB社は最初から結託したマッチポンプですね。

牧野　こうした悪徳業者以外にも知らず知らずのうちに盗聴器を仕掛けられている例は実際にかなり増えています。毎年何万個もの盗聴器が売れているのが、なによりの証拠です。

出口　そういう話を聞くと女性は特に怖いでしょうね。

牧野　そこで、うちの会社では女性からの調査依頼には女性作業員を派遣するようにしたところ、注文が急増しました。

四本目の柱は、自動車用のフィルム型のメッセージ装置を考案しまして、それをぜひ商品化したいと考えています。たとえば車を運転していて後ろから煽られて、困った経験はありませんか。こちらは、追い越して先に行ってほしいと思うのに、それを伝える方法がない。そんな時、車の後部ガラスから見える位置に設置したこの装置を使って、「お先にどうぞ」と表示するわけです。逆に譲ってもらった時は「ありがとう」と言葉で伝えることもできる。これまでもタクシーなどで「乗務員募集」などと表示する機械はあったのですが、あれでは後方の視界が狭くなる。その点、フィルムなら視界を遮ることがありません。

出口　それは面白いですね。譲ってもらった時、ハザードを点滅させますが、あれでは知らない人には伝わりませんからね。

牧野　ところが文字でありがとうと表示すれば、必ず気持ちが伝わるし、「ありがとう」と言われたほうも嬉しくて笑顔になる。これだけで交通事故が減るのではないかと思っています。

出口　これからは住宅環境設備から社会環境設備に進出ということですね。この装置は社長のアイデアですか。

牧野　そうです。それも今から二五年前に思いつきました。仕事の営業車を運転していた時、ものすごいスピードで車に割り込まれたのですが、その直後にハザードを出した。それで、こんな乱暴な運転をする奴でもマナーは知っているのかと思ったらそうではない。いきなり急停止したのです。こちらは油断していましたから危うく衝突しそうになりました。その時の経験で、きちんと文字で意思を伝えるものを作らないといけないと考え続けてきたのです。

出口　それ以来二五年間温めてこられたわけですか。普通、なにかアイデアを思いついても、五～六年もすれば忘れるのが普通です。独立も二八年我慢して実現されたわけですし、よくそれだけモチベーションが継続しますね。

牧野　意地っ張りなだけですよ。あとは、タイミングの問題ですか。自動車用フィルムも前の会社の時に社長に相談したのですが、開発費が三〇〇万円かかると言うと、相手にもされませんでした。でも、社会的に価値のあるものだとずっと思ってきましたから、死ぬまでには実現させたいと考えてきたら、ようやくその環境が整ったということでしょう。ちなみに二年前にスチールギターを四〇万円で買ったのですが、これも学生時代にハワイアンをやっていた時、当時大人気のマヒナスターズのリーダーだった和田弘に憧れて以来ずっと持っていた夢が叶ったんです。

出口　一度決めたら徹底的にこだわり続ける。それが牧野さんの成功の秘訣ということですね。

▼対談を終えて

牧野さんの話をお聞きして、まず感じたのは、グローバルに活躍する経営トップと共通する部分が非常に多いということでした。グローバル企業のトップは、なんでもできて社内で一番業務に詳しい。だからこそトップの機能を果たせるのであり、高い給与をもらえるのも、それがあるからなのです。これに対して、日本の大企業の社長では、こうしたタイプはむしろ稀(まれ)です。講演やパーティーでの挨拶台本も社員が書く場合がほとんどでしょう。社長にまで出世したのですから、ある時期には会社に大きく貢献したのは間違いないのですが、だからといって会社のあらゆる分野に精通しているとは限りません。

それに比べると牧野さんは、おそらく会社が展開しているあらゆる業務において、最も深い知識と経験を持っておられるのではないでしょうか。電気工事には資格が必要なものが多いのですが、牧野さん自身も一〇以上の資格を持っておられます。資格を取るのは自分の仕事について勉強することでもあります。アマチュアではお金が稼げません。いくら経験が一〇年あると言われても、資格を持っていない人が調理したふぐは誰も食べたくないのと同じです。社会的に認められるようにならないと相手も安心して任せられない。それを牧野さんは知っておられるのです。ご本人は「自分は負けず嫌いだから」と笑っておられましたが、その気持ちがないと会社の経営はできません。

また、グローバルリーダーは、例外なくライフとワークのバランスがとれているのですが、その点でも牧野さんは立派です。日本では、多くのビジネスパーソンが仕事一筋で家庭のことは妻に任せるのが偉いと勘違いしています。しかし、牧野さんはハワイアン、手品、釣りと趣味が多彩です。奥さまも楽器がおできになる。手品はプロに習ったというほどの腕前で、引退後は楽器が得意な奥さまと二人で老人ホームをまわるのが夢だとおっしゃっていました。

社会と企業との関わり方についても、牧野さんから多くのことを学ばせていただきました。CSRなど企業の社会貢献が注目されていて、木を植えたり寄付をしたりする企業もありますが、牧野さんのように会社の前の道を毎日掃き掃除するのも、立派な社会貢献です。むしろCSRの原点はそこにあるのかもしれません。自分たちは車を使う仕事で、道を汚している。だから、掃除をする。使わせてもらって、ありがとうという気持ちが前提にある。ここが重要なのです。牧野さんには、これをやればメディアに取り上げられて宣伝になるかもしれないなどという下心は一切なく、純粋に感謝の気持ちから行動されている。だからこそ周りにも自然とその気持ちが伝わるのでしょう。

社員や奥さまには地元で買い物をさせるというのもいい話でした。それは、近所と親しくすればお客さまになってもらえるかもしれない、などということではありません。大切なのは、そうした地道な貢献を誰かが見ているということ。それがなにかあった時に応援してくれるかどうかにつながるのです。困った時には日々の心の持ちようが大きな差になるといってもいいでしょう。しかも、けっしてギブ&テイクではなく、当たり前のことだと思ってやっておられるのが素晴らしいところです。これは推測ですが、軍人をしておられたお父さまの教育か、あるいは神田という下町育ちの中で身につけられたものかもしれません。

世の中は持ちつ持たれつ、お互いに助け合っていくものです。ところが最近はその当たり前のことがわからない人が多い。自分だけ勝てればいいという考え方では、何事も長続きはしません。お酒を買うにしても、値段だけ考えればディスカウント店のほうが安いものを、あえてご近所で購入する。ご近所に愛されていると思うと、お互い気持ちがいいではないですか。その気持ちにはまさにプライスレスの価値があります。会社経営において、その価値がどれだけ重要か。起業を目指す皆さんはぜひ覚えておいてほしいと思います。

第五章　趣味を仕事にする幸福——石塚眞一郎さんと語る

趣味が仕事になったらどんなに幸せだろう。そう考えている人は多いと思います。僕のような読書が趣味の人間なら、いつか古本屋のおやじになりたい。あるいは旅行好きや歴史好きなら地元の観光ガイドや小さくても旅行代理店を始められればいい。そういった具合にです。

五〇歳からの起業では、何度も述べてきたように、人生のリスクが低い分、こうした人生の夢を実現するのも、いい選択と言えるでしょう。

「アイコインズ」を立ち上げた石塚眞一郎さんは、そうした夢を実現されたお一人です。大学卒業後は大手商社にお勤めでしたが、五〇歳で早期退職し、コインのネット通販ビジネスに参入されました。もともと実家がコイン商を営んでいたというアドバンテージがあるとはいえ、ネットビジネス自体はまったくの未経験です。開業からすでに一五年を経過、ビジネスは軌道に乗り、安定成長を続けているといいますから、立派なものです。趣味を仕事にする上での楽しさと苦労、そして趣味の世界を扱うビジネスで成功するための秘訣についてお伺いしました。（インタビュー：二〇一五年一月二九日）

アイコインズ　代表　石塚眞一郎
いしづか・しんいちろう／1949年、神奈川県生まれ。大学卒業後、大手総合商社に就職。鉄鋼製品を中心に営業一筋に歩む。商社の将来性に疑問を感じ50歳で早期退職優遇制度の対象になったのを機に退職。2000年にコインのネット販売専門店「アイコインズ」を設立。500万円の設立資金で開業した同店は年商1億円を超えるまでに成長している。仕事の後にプールで泳ぐのが趣味。

学生時代から父に手伝わされ

出口　以前は大手商社にお勤めだったとお聞きしました。安定を捨てて独立された理由を教えてください。

石塚　今から一五年ほど前のことですが、ネット革命が起きて世の中が変わっていくと肌で感じていました。ところが勤めていた会社にはなんの変化もない。特に私がいた鉄鋼関係の部署は、大手メーカーとユーザーの間に入った口銭ビジネスが主流ですからそう感じたのかもしれませんが、このままでいいのか、と疑問を感じたのが最初です。

出口　一五年前というと二〇〇〇年頃ですから、商社はどこも業績が停滞して、各社リストラを進めた時期ですね。

石塚　本社では不要な資産売却に動いていたのですが、私のいたN支社には危機意識が希薄でした。たとえば支社で保有しているゴルフ会員権が五口あって、そのうち三口だけ売れという命令が上から来た。残った二口はどうするかと聞くと支社長と古参の部長が持ち続けるというわけです。おいおい、違うだろう、率先垂範は？　となりますよね。社用車も本社は副社長以上限定というお達しが出ているのに、「当地には有力自動車メーカーがあるから特別だ」と言って手を付けない。これらを見てこの会社はもうダメだと見切りを付けました。

出口　そう思ってすぐに退職されたのですか。

石塚　いいえ、五〇歳で早期退職の対象になった時です。実は四八歳の時も一度手を挙げたのですが、会社が認めてくれず五〇になるのを待ちました。

出口　早く人が減るのだから普通に考えれば喜びそうなのに、五〇歳以上が対象だと決めると、それだけを守る。大組織にありがちなパターンですね（笑）。会社を辞めると決めた時からネットを使ったコイン販売を始めようと決めておられたのですか。

石塚　いいえ、当初はＩＳＯ（国際標準化機構）対策のコンサルタントをやるつもりでした。ところが、親しくしていた中堅の問屋さんが、会社を辞めるならうちに来いと誘ってくれて。では行きましょうか、と入社したのですが、三ヵ月で辞めました。

出口　仕事の規模が小さくなって、やり甲斐を感じなかったということですか？

石塚　規模は一〇〇人程度なので、当然と言えば当然ですが、すべて社長が決めるところがあり、そこに馴染めなかったのです。これはやっぱり一人でやらないとダメだと。そうなると資金的なこともあってネットでやるしかない、と自然に決まりました。

出口　コイン販売を選ばれたのはなぜですか？

石塚　父の影響です。父はコイン蒐集の趣味が高じて販売までやっていたのです。

出口　石塚さんが子供の頃からお父さまはコインの販売をされていたのですか。

石塚　親父の父は刺繍職人で、父も終戦後は横浜でハンカチに刺繍を施したものを販売したりしていたそうです。アメリカ人は不器用ですから、珍しがってかなり売れたそうですが、進駐軍が引き揚げると売り上げも減って廃業し、もともと趣味だったコイン販売に切り替えたと聞きました。たしか私が生まれる前後です。

出口　昭和三〇年代から四〇年代にかけては切手やコイン蒐集が趣味の王道でした。僕も切手を集めていまして、発売日には郵便局に並びましたよ。石塚さんも自然にコインの知識が身についたわけですね。

石塚　自然に、というより学生時代から手伝わされていましたから（笑）。大学生の頃は、デパートの催事に出店する時は私がほとんど手伝っていました。実はその時の経験が今のビジネスを思いつくきっかけにもなっています。

出口　といいますと？

石塚　コインというのは非常に限られた世界の趣味で、店に来る人は地元の人だけ。うちは横浜でしたが、北海道からわざわざうちの店に来る人はいません。ところがデパートの催事で全国を回ると、その土地のマニアの方が来てくれる。これをネットでやれば全国からお客さんが来るはずだと考えたわけです。

出口　コイン販売店の商圏は、だいたいどの程度だと言われているのですか。

石塚　今、貨幣商の組合の会員数が全国で一〇〇社程度ですから、単純計算すると一県に二店程度ですが、一般には人口一〇〇万人都市に一軒が適正といわれています。ただ、実際にはコイン商が一軒もない県が多い。だからこそネット販売が成り立つと思ったのです。

初年度から売り上げ四〇〇〇万円

出口　会社員でなくなることに対する不安のようなものはありませんでしたか。特に大企業の経験が長いと名刺を持てなくなるだけで不安だという人が多いですね。

石塚　組織に属していると何か困ったことが起きた時に相談できる相手がいますが、独立したら全部一人でやらなければいけない。そのことには少し恐怖心がありました。担当していただいた税理士さんがいつでも相談に来なさいと言ってくれたのは幸いでした。

出口　独立する際、ご家族には相談されましたか。

石塚　していません。子供は独立していますし、退職金でローンは完済している。開業前にシミュレーションしたところ、月に手取り二〇万円あれば夫婦二人食っていけることもわかった。その程度はなんとかなる自信がありましたから。

出口　子供の手が離れた段階でかなりリスクは低くなりますからね。

石塚　これは私の持論ですが、どんな商売でも一生懸命やれば食えないことはない。なぜかと言えば、ほとんどの人は真剣にやっていないだけ。実際、そういう人が多すぎる気がします。

出口　会社を辞めて独立して飢え死にしたという人の話は僕も聞いたことがありません。なんとかなるものですね。

石塚　そう思います。私もコインがまったく売れなくなったら新聞配達でもなんでもするつもりですから。

出口　お店の業務はすべてお一人でやられているのですか。

石塚　嫁いだ娘が週に一度来て、商品の発送や梱包作業を手伝ってくれます。あとはパソコンの先生が週に二〜三度来て、サイトのメンテナンスと商品撮影を手伝ってくれています。商品の説明文章の作成や仕入れ関係は私が一人でやっています。

出口　かなりお忙しいのではないですか。

石塚　二四時間いつでもお客さんが来るわけですから、こちらも基本的に休みはありません。毎朝七時半には事務所に出かけて、夜七時に毎日プールに通うので、それまでは作業です。

出口　ネットショップを開業すること自体はスムーズに進んだのですか。

石塚　パソコンの知識はエクセルとワードを使える程度でした。自分のホームページを作った経験もありませんでした。しかし、その少し前に「楽天市場」のサービスが始まったので、ここならなんとかなると思って出店しました。

出口　ショップのデザインをプロに依頼しようとは思いませんでしたか。

石塚　結局は商品の画像を並べるだけですから。しかも、同業がすでに多数あればお客の目にとまる工夫も必要ですが、当時は一社くらいしかありません。趣味のアイテムですので、出店したらコレクターが当社を探してくれました。他の商品を扱う方は驚かれるかもしれませんが、最初の月から二〇万円の売り上げがありましたし、初年度から四〇〇万円の売り上げがありました。これでなんとか食っていける確信が得られました。

出口　それだけ待っていたお客さんが多かったということでしょうね。

石塚　月の売り上げが一〇〇〇万円を超えたのも意外に早かったですね。俺の読みが当たった、と思いましたが、そこから先がない（笑）。確実な市場はあるけれど、大きな広がりもないということなのでしょう。でも、それでいいと思いました。それまでのリアルなコイン商と言えば、地味なオヤジがはたきをかけている薄暗いイメージで、普通の人は気軽に入りづらい。ところがうちはネットだから誰でも気兼ねなく訪れることができるし、並んでいる商品を何時間でも眺められる。説明文で知識を得ることまでできる。これはありがたい、と開業直後から多くのメールをいただきました。それが一番嬉しかったですね。

売れたらそのお金でまた仕入れ

出口　実家がコイン商で大学時代にアルバイトの経験があり、コインについての知識があるとはいえ、実際に自分でお店を立ち上げるとなると、大変なことも多かったのではありませんか。人に販売するためにはそれなりの量の在庫を持たないといけませんから、開業資金がけっこうかかるような気がしますが。

石塚　開業資金は早期退職でいただいた退職金から、五〇〇万円準備しました。この商売はどれだけ商品をコンスタントに仕入れるかがすべてと言っていい。私自身も趣味である程度集めていましたが、商売となると当然足りません。ただし、父と一緒にコイン商をやっていた叔父がいまして、専門の卸業者を紹介してもらいました。それでも資金がないから、大量に仕入れることができないので、売れたらそのお金でまた仕入れる、ということの繰り返しでしたね。

出口　個人のコレクターが売りに来るものもあると思うのですが、業者からの仕入れとの割合はどの程度ですか。

石塚　仲間や専門の業者からの仕入れが九割程度でしょうか。個人の方の場合、うちが売りたいと思うものを持ってきてくれるとは限らないし、買う場合は持ってきたものをまとめて買うというのが暗黙のルールとしてあるので、嬉しいばかりではないんです。

出口　海外のコインも扱われていると思うのですが、これはどうやって仕入れていらっしゃるのですか？

石塚　海外ものは三割程度ですが、多くは向こうの卸業者からの仕入れです。五〜六年前までは年に一度は海外のオークションなどに買い付けに出かけていましたが、最近は手間とコストを考えて、業者からの仕入れに切り替えました。

出口　時間と旅費をかけるとコストパフォーマンスが悪くなるわけですね。これは企業秘密かもしれませんが、仕入れ値段は販売価格の何割程度かお聞きすることはできますか。

石塚　非常に難しい質問ですが（笑）、たとえば数百万円で売っているコインの場合、仕入れは六〜七割程度じゃないですか。ただ、数百円で売っているものは一〜二割から五割ほどだと思います。価格帯によってかなり差があるし、個人の方が一般的な商品を売りに来た時は想定する販売価格のだいたい三割程度というのが相場だと思います。

出口　先ほど取扱商品の七割が日本のコインとお聞きしましたが、人気は大判、小判などですか？

石塚　大判になると価格は四〇〇万～五〇〇〇万円が中心ですから、これを買えるお客さんは多くはありません。

出口　以前教科書に出ているようなものだと一〇〇〇万円以上になるという話を聞いたことがありますが。

石塚　秀吉が作った天正大判あたりだと二〇〇〇万円クラスになりますね。ただ、うちではほとんど扱いません。たまに資産家の方が処分したいとお持ちになることがありますが、買い取るのはリスクが高いので、ほとんどは委託とさせていただきます。

出口　そうか、売れなかったら不良在庫になりかねないですからね。逆に今、一番人気があるのはどんなコインですか？

石塚　意外かもしれませんが、圧倒的に今も使えるお金です。今の一〇〇円とか五〇〇円を年号別に全部集めようという感じで。コイン趣味もここから入る人が大半です。

出口　おそらく希少性がそれほど高くないので値段も手頃だから、でしょうね。

石塚　そう思うでしょ。しかし昭和二六年の一〇円硬貨が完全な未使用なら、五万円はくだりません。

出口　では、今のコインを未使用のまま保存しておけば、孫が大人になる頃には価値が上がっているかもしれませんね（笑）。

石塚　みんながそう考えているものは大量にあるから値が付きません。一般的に言って、お金は使えなくなると価値が下がるものです。たとえば江戸時代の天保小判の小売値は二〇万円前後ですが、江戸時代なら二〇万円以上の買い物ができたはずですよ。

出口　そこが焼き物や書画など普通の骨董品と違うところですね。

石塚　逆に面白いのは、ソクラテスが実際に触れたかもしれない当時のコインが数千円から数万円で手に入る。古代ローマ皇帝で肖像画も残っていない人でもコインに顔が刻まれているという例もたくさんある。これはロマンですよ。

出口　僕はローマ皇帝のハドリアヌスが大好きで、彼の肖像が入った銀貨を探したことがありました。エルサレムの骨董市で見つけて、たしか日本円で二万円ほど出して買いました。あれを今売るとすれば、市場価値はどのくらいですか。

石塚　コインの外周に刻まれている銘文の保存状態などでかなり開きがありますが、安いものだと数千円、高いものなら何十万円という値段が付くものもあると思います。

出口　それなら、素人としてはそんなに悪い買い物ではなかった可能性がありますね。

石塚　そう思います。ただ、ご自身が好きなら値段は関係ありません。

出口　さすが、マニアの気持ちがよくおわかりですね。

ネットは説明文がすべて

出口　お父さまの手伝いで実店舗でのコイン販売の経験はおありだとお聞きしましたが、ネットでやってみて気付いた違いはありましたか。

石塚　それはあります。うちは今「楽天市場」に出店しているわけですが、ネットの場合必ずしもマニアだけが買いに来るとは限りません。たまたまネットサーフィンしている時にうちの店に来てディズニーのお札があるのを発見して、これは珍しい、お友達にプレゼントしてあげよう、というので大量に買ってくれる場合もある。これは意外でした。

出口　ネットの場合は本来のコレクター以外の方も買ってくれるから、業界での人気商品が売れるとは限らないわけですね。ほかにも想定外のことはありましたか？

石塚　一番は「結婚式の六ペンス」です。この仕事を始めた頃、六ペンスを複数買ってくれる人がいて、なにに使うのかお聞きしたところ、花嫁が結婚式の時に右足の靴のかかとに入れておくと幸運が訪れるというイギリスの風習があると言われまして。それまでまったく知らなかったので驚きました。以来、「結婚式の六ペンス」という名前で売り出したところ、結婚式場関係者などの間でも話題になって、なかには一度に五〇〇枚もまとめて買っていただいたこともありました。会社を立ち上げた直後でしたから、あれは仕事を軌道に乗せる上で大きかったと思います。

また、結婚で思い出しましたが、女性のお客さんが多いのにはビックリしました。父の店を手伝っていた時、女性のお客さんは一人も記憶にありませんでしたから。前にも言いましたが、コイン商のホコリっぽい雰囲気が女性を遠ざけるのでしょうが、ネットなら入れます。今、男女比で言えば一五パーセントは女性だと思います。しかも、西洋のものだけではなくて寛永通宝など普通の古銭を買ってくれる。始めるまでは予想もしませんでした。

出口　それらはある意味、嬉しい誤算ですが、逆に大変な誤算はどうでしょうか。

石塚　これはコインに限らず、ｅコマース全体に共通するのですが、ネットは値段が簡単に比較できるのが、ある意味で弱点と言えるかもしれません。目当てのコインがあっても、実店舗の場合、あっちに行ったり、こっちに行ったりして比較して買うことはなかなかできませんが、ネットなら簡単にできるので価格の差が一目瞭然になるわけです。

出口　同じものなら安く買いたいと思いますね。そうすると、競争上、利益を削っても値段を下げて売らないといけない場合もあるのでしょうか。

石塚　大量生産される商品はそうなるのでしょうが、コインの場合はすべてコンディションが違いますから、安い店にお客が集まるとは限りません。安く買えたと思っても、届いた商品が傷だらけでは満足する人はいないのです。もちろんクオリティが高くても相場から大きく離れた値段では、やっぱりお客は離れていきますが。

出口　要は適正価格であることが大切で、それがお客さまとの信頼関係につながるということですね。ただ、何度も取引をすればその店が良心的かどうかはわかってきますが、初めて訪れたお客さまにそれを伝えるのは難しいですね。

石塚　その方法のひとつが商品説明の文章です。コインの歴史や描かれている顔は誰でどんな功績がある人かなど、可能な限り調べて紹介するようにしています。それを読むだけで、「そうか、このコインにはそんな歴史があるのか」と思ってもらえるわけです。コインの蒐集家が例外なく歴史好きになるのもそのためです。

出口　モノとしてのコインを売るだけではなく、その周辺にあるストーリーを売っているのですね。たしかに見た目がきれいだというだけでは、コレクションとして続きません。そのあたりはご自身もコレクションされていたからわかるというのもあるのでしょうね。

石塚　おかげでつい説明の文章書きに夢中になってしまう。数百円のコインの能書きに半日かけてしまったよ、ということもしょっちゅうです。でも、ネットの場合は、説明文がすべてといっても過言ではありませんから、手は抜けませんね。

一万円買う人が月に七〇〇人

出口　お客さまの好みは変化するものですか。

石塚　それはあります。古いお札の注文が増えたかと思うと二～三年でピタッと止まる。すると今度は寛永通宝などの穴銭が人気になる。科学的には説明できないのですが、示し合わせたように好みが変化するのは、本当に不思議です。

出口　ある程度行き渡ると新しいものが欲しくなるのか、あるいは人気化して価格が上昇すると諦める人が出てくるのかもしれませんね。

石塚　たしかに普通のものは皆持っているから、最近は珍しいものでないと売れなくなったという話は多いですね。それだけ新しいコレクターが育っていないということです。正確な数字はわかりませんが、『日本貨幣カタログ』が毎年約三万部の発行と聞き及んでいます。コレクターの総数は約一〇万人で、この数もほとんど変わらないといわれています。アメリカなどでは業界組織が子供向けの啓蒙サイトを立ち上げたりしていますが、日本もそれをやる必要があると思っています。

出口　ビジネス的には小金持ちのシニアや富裕層を取り込むべきではないですか。

石塚　お金持ちはコインに関心がありません。日本で流通するもので最も高価なものでも二〇〇〇万～三〇〇〇万円ですから、一億円もあればめぼしいものはすべて揃ってしまう。しかも、市場が狭いから投資としても面白みがないのです。

出口　あくまで趣味の範囲というか、骨董の世界に近いのかもしれませんね。

石塚　ただ、コインの場合、カタログが毎年出て相場がある程度決まっているので、骨董のように業者が好き勝手な値段で売ることができない。地道な商売ですよ。

出口　一人当たりの平均購入単価はいくらぐらいですか。

石塚　当社は五〇〇〇円以上買えば送料無料ですが、五〇〇〇円から一万円がボリュームゾーンです。今は一万円買ってくれる人が月に七〇〇〇人程度で、これを一〇〇〇〇人に増やすことが当面の目標ですね。

出口　お客さまを増やすために今、やっておられることはありますか。

石塚　当初はお金をかけて広告を出したこともありましたが、費用対効果を考えるとまったく意味がありませんでした。結局のところ、売り上げを増やすのは在庫を増やすことに尽きます。在庫の数と種類が増えれば、それに応じてお客さんも増えますから。ただし新たに仕入れるためには資金が必要なので、儲けが出てもそれは使わずにすべて仕入れに回すようにしています。おかげで贅沢な暮らしはできませんが、コインは賞味期限がありませんし、在庫が増えるということは、なにか起きた時はそれを売却すればいいわけで、保険みたいなものでもあるわけです。

コレクターからは足を洗った

出口　ネット上ではコインの販売業者は他にもあると思いますが、業者間の競合はどうですか。

石塚　コインを扱っているネット通販業者は複数あります。しかし、正直に言えばそれほど脅威に感じていません。多くは実店舗との兼業でネット専業はほとんどないからです。専業はうちとあと一社あるくらいだと思います。兼業でもネットを専門に担当する人を付けられればいいでしょうが、店舗の仕事の片手間でやっていくのは難しいでしょうね。

出口　お客さまの支持を得るのは、やはり評判ですか。

石塚　そうです。同業のことを悪く言うのは気が引けますが、少し程度の良い品を「未使用クラス」と言って売っている業者もある。実店舗の場合、店主の口がうまいとそういうことができます。しかしネットでそれは通用しません。一度でもそういう商売をすると評判がすぐに拡散してしまうので、それで終わりです。そこで、うちの店では、気持ちワンランク下げて表示するように努めています。「未使用」の表示が可能だと思っても、コインの雰囲気によっては「準未使用」「超美」とする。逆に言えば、他店と同じランク表示だと多少割高な場合もありますが、それのほうがお客さんの信用が得られると思うのです。

出口　美品だと思って買ったものが、届いたら超美品だと逆に得した気がしますね。

石塚　これは私自身がコレクターだったから感じるのかもしれませんが、集めるならいいものが欲しいんですよ。多少質は落ちても安いもののほうがいいというコレクターは長続きしませんね。

出口　僕も昔切手を蒐集した経験があるのでよくわかります。汚れたものは、見ていると寂しくなってしまうんですよね。

石塚　鑑定する人によって評価が違うのは仕方ないのですが、うちのお客さんには「私の評価に慣れてください」といつも言っています。私と同じ目を持ってくれれば後悔はさせません、と。これで押し通すしかないし、それが最善だと思っています。

出口　ただ、初めてのお客さまにそれはなかなか通じませんね。

石塚　そうですね。そこで一〇枚同じ種類のコインが入荷した時は、一番質の劣ると思うものの写真を掲載するようにしています。そうすれば、購入したお客さんの手元には写真よりいいものが届くという仕組みです。

出口　石塚さんご自身がコレクターだった経験が今のビジネスにさまざまな形で生きているようですが、逆の面はありませんか。たとえば、過去に自分が欲しいと思っていた品物が入荷すると、売りたくないと思ったことなどはありませんか。

石塚　商売を始めた段階で、コレクターからは足を洗いました。少しでもコレクターの部分が残っていると正しい評価ができませんし、先ほど出口さんが言われたような迷いが出る。それは必ずお客さんにも伝わってしまいます。いい品物が入れば、お客さんに買ってもらうまでは眺められるので、今はそれで充分です（笑）。

ただし、コレクターの気持ちを忘れないことも大事で、熱心なコレクターの人にはその努力に見合うものがあってほしいと思う。たとえば、同じ種類のコインが五枚入荷したら、最初に見つけて注文してくれた方に一番質の高いものを送ることにしている。すると、その人も気付くのでしょう、いいものが手に入った、とお礼のメールが来ます。

出口　そういう取引の積み重ねが信頼を築くうえでは大切なのでしょうね。

石塚　そう思います。

出口　サラリーマン時代の経験が今のビジネスで生きていると感じられることはありますか。

石塚　お客さんの気持ちを考えて行動するという習慣が身についていることでしょうか。相手の気持ちを察知できない人は独立するべきではないでしょう。上司に「あれ、どうなっている？」と聞かれて、「あれって何ですか」と聞き返すタイプはダメ。そういうタイプは何があっても会社に残るべきです。

出口　ビジネスのセンスとは、そういうことですね。最後に今後の目標のようなものはありますか。

石塚　特にないですね。強いて言えば、このままの状態を七五歳まで続けることでしょうか。体力的にしんどくなればペースを落とせばいいと思っていますが、今のところ元気です。サラリーマン時代と違って無駄な会議もなければ、上司への報告義務もない。これから解放されただけで、健康になった気がします（笑）。

出口　元気だったら何でもできますからね。

▼対談を終えて

仕事とは何でしょうか。答えは人それぞれで、なにが正解かを決めるのは難しいのですが、ギリギリまで突き詰めて考えれば「ご飯を食べていく」手段だと思います。そして、人間にとってなにが幸せかと言えば、普通にご飯が食べられて、お酒を飲めて、雨風が防げる温かいネグラがあって、子供を産みたい時に産んで育てられることでしょう。加えて労働条件の百パーセントを占める上司の悪口（≒政府の批判）が自由に言えれば（≒言論の自由）、それで充分ではないでしょうか。少なくとも僕はそれが一番の幸せだと思っています。

五〇歳でなにか新たなことを始めたいと思った時、たとえば僕がやっている保険事業は事業の成果が大数の法則で決まるため、拡大しなければ事業そのものが安定しません。ライフネット生命は大きくしなくてもいいという選択肢はあり得ないのです。ところが業種によっては拡大する必要がない、食べるだけ稼げればそれでいいということも充分あり得るのです。

ひとつの具体例が、石塚さんのコイン販売のような趣味の世界の仕事です。起業といえば、ベンチャーキャピタルに多額の出資をしてもらい、最終的には上場を目指すというイメージがあるかもしれませんが、けっしてそれだけではありません。ブティック型の起業もあるということを石塚さんのケースから学んだ気がします。自分が好きなものを売って、食べていければそれで充分だと思い、しかもそれを実践されている点は実に立派なことであり、多くの皆さんにとって参考になると思いました。

ただし、もともと趣味から始まったとしても、ビジネスであって遊びではありませんから、赤字を垂れ流したのでは意味がありません。石塚さんは、ビジネスに関しては徹底的に無駄を省く努力をされています。その筆頭が、実店舗ではなく、インターネットでショップを開設している点です。前の会社にお勤めの時に、これからはインターネットの時代だと考え、その考えに従っておられるのです。

また、コイン商がなぜインターネットで成り立つのか、充分検討された上で結論を出されています。市場の規模はある程度あるけれど、全国に分散しているから実店舗で営業するのは難しい。しかしネットなら全国からお客さまが来る。だから市場規模は大きくなくても確実にビジネスとして成立すると判断されている。こうした着眼点は大いに参考になるでしょう。

もうひとつ、石塚さんのお話で重要なヒントになると思ったのは、「仕事を始めた時にコレクターはやめました」という言葉でした。両立は不可能なのです。酒好きで居酒屋を始めた人がお客さまと毎晩飲んでいたのでは商売がうまくいくはずがないのと同じです。

仕事は仕事として割り切る。ただし、コレクターの心理は忘れない。コイン商は入るのに気後れする店が多いから、コインに興味があっても店に入ることに二の足を踏んでいる人が多い。だからネットショップにする。ネットなら誰に気兼ねもなく自由に来店できるし、いい商品さえ揃えれば、お客さまは自然に集まってくるのです。単に出店コストが安いというだけではない点に、石塚さんのビジネスセンスを感じました。

だから、サイトのデザインに無駄なお金はかけないし、必要以上のお金をかけた宣伝もしない。そこにエネルギーをかけない分、商品に添える解説文には時間をかける。丁寧に書くことがコレクターのニーズに応えることになるからです。

最も感心したのは、仕入れた中で最も品質がいいものから販売するという基本方針でした。努力したコレクターにはそれだけのご褒美があってほしいという気持ちからなのでしょう。自身がコレクターなら質の悪いものから売りたくなるものです。いいものは手元に残しておきたいと考えるからです。でも、コレクターをやめれば、いいものから売れる。お客さまが喜んでくださるからです。そして、それがお店に対する信頼につながり、顧客増に結びつく。すべてが理にかなっていると思いました。およそ合理的でないものはビジネスではないのです。

第六章　金融業からスイーツに大転身――鈴木哲也さんと語る

「脱サラ」という言葉を聞いて、皆さんはどんなイメージを持たれるでしょうか。経営コンサルタントとして起業することを連想する人は、あまり多くはないかもしれません。職場を辞めて飲食店を開くなどが通り相場ではないかと思います。ただし、せっかく脱サラして開業にこぎ着けても、何年も続けていける人はごく一握りでしょう。

埼玉県在住の鈴木哲也さんは、そうしたお一人です。大学卒業後は証券会社に就職し、営業を振り出しに本社の企画畑で活躍されていましたが、五〇歳を過ぎた時に早期退職を選ばれます。その後、ご家族とともに、スイーツの製造販売会社を立ち上げました。

店舗名は「肉球愛好会」で、同店の人気商品は「肉球ぷにゅぷにゅ」。ペット好きはもちろん、その癒やし効果から、幅広い層の支持を集める人気商品だそうです。

金融マンが、なぜスイーツショップなのか。この意外な組み合わせも大変気になりますし、名称を一度聞いたら忘れられない肉球ぷにゅぷにゅとはどのようなものなのか。鈴木さんにお話を伺いました。（インタビュー：二〇一五年三月二日）

肉球愛好会　代表　鈴木哲也
すずき・てつや／1956年、茨城県生まれ。大学卒業後、大手証券会社に入社。支店営業を経て本社の顧客向け情報の企画業務を担当。個人投資家向けセミナー講師として年間250日を全国行脚した後、52歳で退職。2009年にオリジナルスイーツ「肉球ぷにゅぷにゅ」を開発し、肉球愛好会を創業する。地元のJリーグチーム「浦和レッドダイヤモンズ」の熱烈なサポーター。2016年8月現在は休業中。

考えはじめたのは五〇歳

出口　現在はスイーツの製造販売を手がけておられる鈴木さんですが、以前は証券会社にお勤めと伺いました。かなり異なる業界だと思うのですが、もともと金融業に興味を持たれていたのですか。

鈴木　大学を卒業して就職する時はほとんど金融に絞りました。ただ、それはビジネスとして関心があったということよりも、潰れない業界だから安心だろう、という程度です。本音では銀行志望でしたが、ことごとく不合格。内定をもらったのが勤めていた日本勧業角丸証券（現・みずほ証券）と山一證券の二社だったのです。

出口　山一のほうが大手でした。そちらを選ばれなかったのは先見の明があると思います。

鈴木　たまたま兜町界隈を歩いていた時に名前を呼ばれて、振り返ると親戚の叔父さんで。「なにをしているんだ」と聞かれたので、就活中ですと言うと「ではうちにこい」と言われて、そのまま就職したのが勧角だっただけで、ただの偶然ですよ。

出口　そうですか、その叔父さんに出会わなければ、山一に入って、破綻を経験されていたかもしれないと思うと、人生は不思議なものですね。そうした偶然のご縁で入った企業で長年勤めた後に、お菓子作りを始められるわけですが、起業や独立願望は以前からお持ちだったのでしょうか。

鈴木　いいえ、具体的に考えはじめたのは五〇歳になった頃。これも偶然です。私が就職した七〇年代後半、新入社員は例外なく営業に回されます。これがかなり厳しい仕事でした。よく「セブンイレブン」と業界では言っていましたが、文字通り朝の七時から夜の一一時までずっと外回りです。ここで運良く成果を出すことができた私は、三〇代で本社の企画に配属になりました。

出口　数年で本社の企画に配属されたというのは相当、仕事が評価されたのですね。

鈴木　私もそうかと思って頑張ったのですが、ちょっと頑張りすぎたようです（笑）。当時アメリカではネット証券というものが登場しはじめ勢力を一気に拡大している。日本もいずれそうなるから、今から準備をするべきだ、というレポートを会社に出しました。「Ｗｉｎｄｏｗｓ95」が出た直後だと思います。私としては危機感を持って提出したのですが、会社からはそんなことあるはずがない、と鼻で笑われてしまいました。

出口　結果的に鈴木さんの予想は的中しましたね。日本ではまだネットの立ち上げ期で、ネットトレードなどというものはほとんど普及していませんでした。なにか鈴木さんのなかで確信のようなものがおありだったのですか。

鈴木　アメリカかぶれというか、アメリカがそうなのだから日本もそうなるだろう、という単純なものです。でも、当時は若くて熱いですからね、諦めずに同じ趣旨のレポートを書き続けました。ご存じのように保険会社と違って当時の証券業には固定収入というものが少ない。お客さまに株を買っていただいて受け取る販売手数料が収益の中心で、唯一ともいえる固定収入が保護預かり料金でした。お客さまから株券をお預かりする管理料のようなものです。世の中の電子化が進めば、株券自体もなくなるから保護預かり料というものもなくなる、と書いたのですが、さすがにこの時は上司から叱られました。当時、うちの会社で保護預かり料収入が月額で六〇〇〇万円ほどでしたが、「おまえが毎月六〇〇〇万円稼ぐ方法を考えてから言え」と。彼らとすれば、私はネガティブなことしか考えないどうしようもない奴という評価になるわけです。

深く追究するほうが性に合う

出口　僕も日本生命時代に、世界経済はグローバル化の方向に進んでいる、日本は人口が減る、そうであれば国内のリーディングカンパニーである日本生命は海外に積極的に出るべきだ、と主張し続けたことが原因で当時の社長と対立し、結果的に左遷されたのですが、そういう企業にとって都合が悪い予測をお書きになっても企画部門にいらしたということは、よほど活躍されたのですね。

鈴木　いえ、出口さんと同じで、あっさり外されました（笑）。与えられた仕事は、セミナー講師として全国を回る仕事です。北海道から九州まで、多い時は年間に二五〇回という時もありました。セミナーは週末に開催されることが多いので、一日に三回飛行機で移動することもありました。あの頃はほとんど自宅で寝た記憶がありません。

出口　人気芸能人並みですね。企業の命令とはいえ、なぜ自分だけこんなに忙しいのか、といやになったことはありませんでしたか。

鈴木　人間関係でいやな思いもしたけれど、仕事そのものではありません。証券税制の改正などについて、「証券蘊蓄（うんちく）大学」というタイトルで、白衣を着た私が学長という設定でお話をするのですが、これがけっこう受けるんです。時には一〇〇〇人以上集まることもあって、むしろ気持ちがいい。俺、仕事を間違えたかな、と思ったくらいです。すでに五〇歳近い年齢でしたから、ここからタレントになろうと思ったわけではありません。でも、自分が深く追究できるなにかを探して、それをとことん突き詰めるほうが性に合っていると考えはじめたのです。ぼんやりと独立をイメージしはじめたのも、それがきっかけだった気がします。

出口　五〇歳は人生の真ん中で、折り返し点。仕事や社会についてもかなりわかってくる年頃です。そこでそう感じられたのなら、その気持ちを大切にすべきですね。

鈴木　そうですね。二五年以上証券の仕事に携わって、いわゆる修羅場を何度も経験してきました。お客さまに億円単位の損をさせて自分自身も自殺を考えたことさえあります。それが仕事だと割り切れる人もいるのでしょう。しかし、私には疑問があった。たまたま子供に手がかからなくなってきたこともあり、これからは自分がこれだと信じられる仕事をしようと思い、独立することにしました。

出口　人生にとって最大のリスクは子供の教育だと思います。それがなくなればあとはこっちのものですね。正しい判断だと思います。奥さまなどご家族にもすぐに理解してもらえましたか。

鈴木　これから先は俺の人生だから俺が楽しいと感じられる仕事をしたいと思っているのだがどうだ？　とズバリ妻に尋ねたところ、「あんたの好きなようにしたらええやん」と、即答です。反対されるかもしれないという気持ちもあったので、あの一言は本当に嬉しかった。妻にはどんなに感謝しても感謝しきれませんね。

出口　僕にも、山一證券に勤めていてタイのバンコクに赴任中に破綻を知った友人がいました。彼の場合、入社以来の大半が海外勤務で、東京が一番短いくらい。今から東京に戻るより、むしろバンコクに残ることを考えたのですが、問題は奥さまです。おそるおそる自分はこのままここでやりたいと話したところ、奥さまも「それでいいんじゃない」と言ってくれたと聞きました。バンコクでのビジネスはなかなか大変なようですが、充実した日々を送っているようです。

イスラム教を開いたムハンマドも、神様の声が聞こえるようになったと友人に話したところ、ボケたに違いないと信用されなかった。ところが奥さまだけが、あなたは正直者だから嘘をつくとは思えない、と信じてくれ、その後二人で布教を始めてあれだけの大勢力を作っていったのです。起業の成功には、家族やパートナーの協力があるかどうかが、とても大きいですね。

私の夢はあなたにかかっている

出口　ところで、企業を辞めると決めた時から、すでに今の商売を考えておられたのですか。

鈴木　各方面から、お誘いもあったのですが、独立する以上は自分自身でビジネスを興したいと思っていましたから断りました。とはいえ、ビジネスを始めるための元手には限界があります。当時、会社は三度目の早期退職を募っており、そこで手を挙げればもらえる金額はわかっていましたから、その範囲でできるものはなにかを考えることにしました。しかも、退職金を投資すれば貯金もなくなりますから、家族を食わせるために日銭が入る仕事がいい。そう考えると、まずは食べ物屋だと。これは比較的すぐに決まりました。

出口　なるほど、資本がなければ、いくら夢を描いても実現できませんからね。

鈴木　では、具体的に何を扱う店にすればいいか。そこで考えたのが、ペットの癒やし効果でした。わが家はペットを飼っていませんでしたが、全員が犬も猫も大好き。なぜ動物に癒やし効果があるのか調べてみると、肉球の存在が大きいと気付いたのです。あの柔らかさはさわっているだけで幸せになれます。そこで肉球の関連製品を調べてみたところ、手袋などの物品はあるものの、食べ物はほとんどないことがわかり、肉球の形をしたお菓子を作ろうと決めました。

出口　鯛焼きや人形焼きの肉球バージョンということですが、肉球をそのまま再現しても美味しそうには見えませんね。

鈴木　そこで、デザイナーさん数人に声をかけて、「肉球形のお菓子」を作りたいので、デザインを考えてほしいとコンペを開き、その中から一番可愛いと思ったものを採用しました。ここまでは比較的順調だったのですが、問題はデザインを元にした焼き型作りでした。焼き型の素材はさまざまですが、せっかく埼玉でやるなら鋳型だろう。鋳物といえば、『キューポラのある街』で有名な川口だということで、地元の商工会議所に「地元で一番有名な鋳物師の方を紹介してほしい」とお願いしました。そこで紹介されたのが鈴木鋳工所というところで、なんと前回の東京オリンピックで聖火台を製作した方です。

出口　それはまさに超一流の工房ですね。よく引き受けていただけましたね。

鈴木　いえ、最初はけんもほろろで断られました。うちは聖火台のような大型のものが得意で小さいものは扱わない、と。言葉には出しませんが、鯛焼きの型みたいなものなんかやれるか、ということでしょう。最初の頃は話も聞いてもらえず、明らかに居留守を使われたこともありました。でも、こちらとすれば人生を賭けているわけですし、せっかく最高の人を知ったのに他へ頼む気になれません。そこで、なにかきっかけはないかと調べたところ、社長のお爺さんの代までは水戸にいらしたことがわかりました。私も日立ですから、元をたどれば同県人。「ミトッポなんですね」と振ってみると「よく知っているな」と、ようやく話を聞いてもらえるようになりました。そこで、「あなた以外にこれを作れる人はいない。私の夢が実現するかどうかはあなたにかかっている」と繰り返しお願いしたら、奥さんが「これだけ言っているんだから、作ってやりなよ」とおっしゃってくれて。了解いただくまでに一ヵ月は通ったと思います。あの時ほど証券会社時代の営業経験が役に立ったと感じたことはありませんでしたね（笑）。

出口　苦労の末に型はできても、商品にするためには焼き方や中に入れるあんこ作りなど、越えなければいけないハードルは多かったと思います。どこかで勉強されたのですか。

鈴木　いえ、すべて独学です。ただ、私は体質的に酒が飲めない分、甘い物には目がない。しかも、証券会社のセミナー講演で日本全国津々浦々まで歩いて、それぞれの土地で名物スイーツをほとんど食べてきた。その経験から受けるお菓子の味や食感、見た目に関する情報には蓄積がありましたから、そこで得たものが生かせるのではないか、と思ったのです。それで思ったのは、人生は強い目的意識をもって努力していくことも大切だけど、流れに任せるのも意外にいいことがあるな、と。

出口　同感ですね。純粋に好きだと思うことは、それを極めていけば、なにかの時に役立つことが往々にしてあるものです。今回のケースではどのような結論になったのですか。

鈴木　具体的な味やスタイルというより、コンセプトです。話題になっているスイーツは必ず食べるようにしてきましたが、その大多数は短命に終わっています。パンナコッタ、ティラミス、みんなブームは短命に終わりました。私が開業に向けた準備をしていた頃でいえば、鯛焼きが誕生して一〇〇年という節目ということもあり、全国で雨後の筍(たけのこ)のように鯛焼き屋がオープンしていました。白い鯛焼きがその代表でしたが、すでに少なくなっています。そうしたブームにサーフィンのように乗る手もあるでしょう。でも、われわれのような小資本では、それは容易ではない。一度作ったスタイルで長く続けられるものにする必要があるわけです。

出口　そこでできたのが肉球形のスイーツというのは実にユニークですね。

鈴木　肉球といえば犬と猫をイメージする方が多いのですが、実はパンダにもあるし、もちろん熊にもある。つまり、バリエーションがつけやすい。見た目は同じでも中のあんこを変えることも自由にできる。この可能性の幅の広さが肉球にはあると思ったのです。

採算割れが三年続く

出口　そうして開業にこぎ着けられたわけですが、お客さまに来ていただくためには、お店の存在を知ってもらわないといけません。宣伝活動はどのように。

鈴木　いわゆるチラシ的なものは一切作りませんでした。お金がかかりますから。唯一やったのが、ブログでの紹介です。私はJリーグの浦和レッズの大ファンで、レッズ関連のブログを立ち上げていましたから、そこに開業までの様子を随時アップしました。すると動物好き、特に猫好きの方が大勢いらして、彼らは猫に関連するものをつねにチェックしているのでしょう、想像以上に拡散していただけました。

出口　そうすると開業直後から大勢のお客さまに来店していただけたのですね。

鈴木　いえ、まったく売れませんでした（笑）。最大の誤算は場所の選定です。先ほども言いましたが、私はサラリーマン時代から熱狂的な浦和レッズサポーターで、ホームの試合は欠かさず応援にでかけてきました。でも、自分がこれから何か商売を始めれば、土日も休めなくなるからスタジアムに足を運ぶのは難しい。これは困ったな、と。では自分の代わりに応援してくれているサポーターを応援することはできないかと考えて、さいたまスーパーアリーナがある北与野という場所を選んだのです。アリーナは駅から徒歩五分と便利ですし、店舗はプラットフォーム直結のデッキにある。ところが、そう言うといい立地に聞こえると思いますが、埼京線の駅のなかで最も乗降者数が少なく、イベントがある週末以外はほとんど無人駅のような状態。これでは肉球に興味がある方がネットで知って来ていただけても、商売になりません。結局、採算割れの状態が三年近く続きました。

出口　三年目に何かブレイクするきっかけがあったのですか。

鈴木　レッズのホーム試合がある日に限って、埼玉スタジアム２００２がある浦和美園駅の構内に出店を構えて出張販売できるようになったことが大きかったですね。商品価格は店頭だと一個一五〇円のものを二個パックで三〇〇円なので、値段は変わりませんが、表面にそれぞれ「勝点三」と「浦和魂」という焼き印をおしました。また、対戦相手や季節に応じて限定商品を投入したところ、これが受けまして。たとえばセレッソ大阪との対戦の時だと、セレッソのトレードマークは桜なので、中に桜餅を入れたりする。要するに、セレッソを食ってやれ、というわけです。こうした特別限定バージョンをこれまで一〇〇〇種類以上作ったと思います。

出口　一〇〇〇種類ですか。それはレッズファンの心を摑むでしょうね。ただ、こうしたヒットが出るまでの三年間は経営的に大変ではなかったですか。

鈴木　退職金の残りを取り崩してなんとかやりくりしていました。役員報酬を月額一万円にした時期もありました。

出口　コストの見直しなどの努力もされたのでしょうね。

鈴木　いや、それはないですね。そもそも原価計算自体かなりいい加減でしたから。赤字はたしかに困りましたが、それは売れないからであって、コストが高いからではありませんよね。目標の量が売れて、それなりの利益が出れば、それでいいというのが基本的な考えです。逆にコストを下げれば品質が下がってお客さま満足度も下がる。いいことはありません。ただ、同じ品質のものを安く入手する努力はしました。ちょっと遠いけれど安く買える店があれば、自分で早起きしてバイクで買いに行くとか。つまり、自分が汗を流せばいいことはなんでもやるが、会社を維持するために品質を下げることはしなかったということです。

出口　質の変化に対してお客さまは想像以上に敏感ですからね。それにしても、三年も赤字を続けられたとは、すごく忍耐力がおありなのですね。

鈴木　そんな状況でも続けられたのはお客さんの言葉ですね。ほぼ毎日のように来てくださるお客さんが「ここに来るとほっとするんだよ」と言ってくださるわけです。あれを聞くと、じんときまして、絶対なくしちゃいけない、と思いました。証券会社も顧客第一主義と言いながら実態は真逆で、会社が儲けるためにはお客さんには回転売買で手数料をどんどん払ってもらうように持っていくわけです。最終的に売買を決断するのはお客さんだからそれでいいと会社は言っていましたが、中には証券会社の言うままに売り買いして大損する方もいる。そういう例を見てきたからこそ、お客さまに誠実でありたいと思うのかもしれませんね。

出口　たしかに勤めていた企業や業界独特の価値観に対する違和感が、起業のモチベーションになることはあるでしょうね。

お客さまの声を形にする努力

出口　すでに起業から五年目を迎えられて、サラリーマン時代に想像していたこととは違うと感じられたことはありますか。

鈴木　まず驚いたのは経営者がいかに孤独かということ。新商品の開発も含めて、経営に関して妻には一度も相談をしたことがありません。相談すると、結果次第で彼女が責任を感じることになってはいけないからです。トップとして当然のことだと思うのですが、なにかを決断することがこれほど大変だとはわかりませんでしたね。

出口　サラリーマンなら困ったことがあれば上司に丸投げできますが、経営者はそれができませんからね。

鈴木　今振り返るとサラリーマン時代は好き勝手をしていました。特に後半はセミナーで全国を回っているからなにをやっているか、誰にもわからないんです。あの頃に比べると今は随分慎重になりましたよ。うちの会社など超零細企業ですが、それでも妻を食わせなければいけませんから、この判断は本当に正しいのか、自問自答の連続です。

出口　僕も圧倒的に日本生命時代のほうが大胆でしたね。あれだけの規模の会社ですから、極論すれば僕が多少変わったことをやっても、びくともしないことがわかっていましたから。ところが今は売り上げでまだ一〇〇億円いかないベンチャー企業ですから、ひとつの判断ミスで沈没するかもしれない。そのストレスは想像以上に大きいですね。

鈴木　あと会社員時代と違うことは、お客さまの意見や要望を素直に聞くようになりました。なかには一個一五〇円の商品にそこまで求めるか？　ということをおっしゃる方もいます。でも、そこでそんなことできるはずがないと切り捨てるか、そのままでは難しいけれど別の方法があるかもしれないと追究するか。その差は大きいと思います。実際、肉球の真ん中にマシュマロを入れることでぷにゅぷにゅ感を強調したものが人気商品になっていて、これもお客さんからの要望が原点です。

出口　お客さまの意見はアイデアの宝庫ですね。ライフネット生命は当初、死亡保険と医療保険しか取り扱っていませんでしたが、ある独身女性のご契約者から、一番辛いのは病気や怪我で働けなくなった時で、それを保障する商品はないのか、という意見をいただいたことがありました。「働く人への保険」という商品は、そこから生まれたものです。

鈴木　顧客ニーズと言いながら、「これは絶対イケるはずだ」と実は自分で考えたくなるのですが、そうではなくて、まずはお客さまからの声を形にする努力をしてみる。それが一〇〇パーセントが無理なら五〇パーセントかなえられる方法はないかと、さらに考える。これなんでしょうね。

出口　そうですね。ノーと言ってしまったらそれで終わりなので、まずはイエス。でもお客さまの要望をすべて聞いていたら事業が成り立たなくなるかもしれない。その中間を探るのが経営と言ってもいいかもしれませんね。

鈴木　お客さまの声と言えば、うちの会社には設立以来、品質に関しては一度もクレームがきていないんですが、別のサッカークラブチームのサポーターの方から抗議がきたことがありました。話をお聞きすると、その方は甘い物に対していい印象がない上に、私が浦和レッズの熱心なサポーターだということがあったため、相手チームを食っちゃえというメッセージが気に食わなかったようでした。でも、私は対戦相手を卑下したり貶めたりしたことは一度もありません。二〇〇八年コンサドーレ札幌のJ2降格が決定した次の試合が、浦和戦だったんです。その時は、あんこにスモークドサーモンを入れました。北海道だから鮭なのですが、鮭は一年経つと同じ川に戻ってくることにかけて、来年は必ずＪ１に戻ってこいよ、という私なりのメッセージでした。その話を聞きつけた札幌のサポーター数人が店の前で大泣きして、「ありがとう！」って……。あの時ほどこの仕事をやってよかったと思ったことはありません。

自然体で長く続ける

出口　今後の夢についてお聞きできますか。

鈴木　まず、事業の規模を拡大することはあまり考えていません。多くの方にうちの商品を食べていただけることは嬉しいのですが、無理に規模の拡大を目指してもいいことはありませんから。お客さまの支持が拡大すれば、それに合わせていければいいかな、と。そのあたりのさじ加減が自由にできるのが、自営業の最大のメリットでしょう。

出口　たしかに上場企業の場合、株主など多くのステークホルダーの利益を考えないといけませんが、自営業はまったくの自由ですからね。

鈴木　そうです。規模とか、ましてや利益の拡大を目指すとなると、お客さまからどうしても離れて、「ニーズは作るものだ」などと傲慢なことを言い出す。そうまでして規模の拡大を目指すより、自然体で長く続けていくほうが大事でしょう。気がつくと、私も歳のせいか農耕系になったのかもしれません。

出口　いいえ、それが人間本来の姿だと僕も思います。僕自身も普通にご飯が食べられて寝るところがあって、子育てができて、たまにお酒を飲んでワイワイ騒ぐ友達がいれば、それが一番幸せだと思います。

鈴木　あとは、ちょっと真面目なことを言うと、食品の販売はお客さまとの信頼関係が重要で、すべての商品に目を配る必要があるのですが、他人に任せるとその点が担保できなくなる危険性があるというのも、大きくしたいと思わない理由です。たとえば生地を型に入れて焼くと、隅にできるバリを取り除くよう指導するのですが、なぜそこまでこだわるのかをなかなか理解してもらえません。時間をかけて教育できればいいのでしょうが、今の状態ではそうした余裕もない。だったら無理をして拡大を考えるより自分で責任が持てる範囲の規模を維持するべきだと考えています。

出口　レストランのシェフも同じだといいますね。自分ですべてを管理したいから一店舗しか出さない人と、多店舗展開して一人でも多くのお客さまに自分が考案した料理を食べてほしいと考える人がいる。どちらがいい悪いではなく、考え方の違いで、鈴木さんは前者ということですね。

鈴木　お客さんはどんな常連の方も永遠ではありません。今日が最後かもしれませんが、そこまでの責任は絶対に取らないといけない。万が一でもお客さまに満足していただけない危険があることは、やるべきではない。それが格好よく言えば私の哲学なのです。たとえば、生地の材料に使う牛乳や卵は、毎日その日に使う分を仕入れています。運良くお客さんに大勢きていただき、途中で切れてしまう時、その日の営業はそれで終わる。逆に仕入れた分を使い切れなかったとして、それを翌日に回すことも絶対にしません。冷蔵庫で保存すれば一日くらい問題ないことはわかっていますし、コストを考えればそうするべきかもしれません。しかし、それはやっちゃいけない。百パーセント処分です。

出口　一度でもルールを破るとそれが際限なくなってしまう。それが人間の弱さですからね。食品表示の偽装や賞味期限切れの食材の再利用が何度も社会問題になりました。

鈴木　偽装問題が発覚して以降、うちは安心安全な食材を使って衛生管理を徹底していますとアピールする会社や店が増えましたが、私はあれは間違いだと思うんです。食べ物を扱う以上、それは当然であり、常識。あえて言う価値があると考えているほうがおかしいのではないでしょうか。

出口　信頼関係を築くのは長い時間が必要ですが、失うのは一瞬です。時間をかけて築いた信頼関係ほど価値のあるものはありません。

鈴木　そうですね。幸い息子が仕事を手伝ってくれていますから、この信頼関係も込みでいずれ息子にバトンタッチして、ときどき店に顔を出してはああでもない、こうでもない、と小言を言えるようになれば最高ですね。

出口　きっとうまくいくと信じています。今日はどうもありがとうございました。

▼対談を終えて

すごくシンプルだが、無理のない起業のケースだな――鈴木さんのお話をお聞きして、第一印象として感じたことは、そのことでした。

まず感心したのは、食品の製造販売という実業を選ばれたことです。鈴木さんは証券マンとして活躍されただけあって、お話がとてもお上手でした。笑顔が素敵で、人を惹きつける魅力があります。セミナーで講師をされていたわけですから、当然金融の知識もある。普通なら、それを生かして株式評論家やコンサルタントなどを目指しそうなところです。こうした職種は独立時の資金がほとんどかからないのもメリットです。

しかし、だからといって成功する可能性が高いかといえば、必ずしもそうとは限りません。だれでも簡単に始められる仕事だけに競争が激しいですし、景気に左右される面も大きい。特に証券や投資関係の仕事はマーケットの動きに左右される部分が大きく、収入は日経平均株価に連動すると聞いたこともあります。

鈴木さん自身も、周囲から評論家にならないかと誘われたようですが、断ったとおっしゃっていました。評論活動よりも実際にモノが動く実業に魅力を感じられたからです。僕も保険の仕事に長くかかわっていますから理解できるのですが、金融商品はどこか虚業という印象があって、金融関係者ならせめて一度はリアルな商売をしたいという欲求をどこかに持っているのではないでしょうか。

ただ、コンサルタントなど自分の頭と口で始められる仕事に比べて、食品を扱う仕事の場合、店舗や製造設備などの初期投資が必要です。その分、リスクはあるとしても、商いそのものの安定性はむしろこちらのほうが高い。人間は食べ物がなければ生きていくことができません。したがって、食べ物を扱うビジネスは、世界のどこでもそうですが、最も安定性が高い商売のひとつなのです。鈴木さんはそのことを知っておられたのです。

しかも、食品の場合、一度市場に認知されると、その価値が長期間にわたって維持されるケースがあることも、大きな魅力です。二〇年くらい前の話だったでしょうか、ある機内誌でこんな記事を読んだことがありました。世界の経営者が一番憧れる企業はなにかというアンケート結果をまとめたものです。それによると、一位はコカ・コーラでした。微妙に味を変えてはいますが、同じものを作るだけで、ずっと儲かるのが、経営者の理想なのです。

とはいえ、飲食業を開業すれば必ず成功するわけではありません。消費者に受け入れられる商品やサービスを提供するのはもちろんですが、もっと大切なことは消費者に信頼される仕事をする。消費者を裏切らないということです。

対談にもあったように、鈴木さんのお店では売れ残った食材はすべて廃棄してしまうそうです。しかも、それを当然のことだと思っておられる。口で言うのは簡単ですが、それは容易なことではありません。材料費が増えれば、それだけ収益を圧迫するにもかかわらず、それが当然だとおっしゃる。これは大変素晴らしいと感動しました。

生ものならともかく加工した食品ですから、一日くらいなら冷蔵庫で保存することができるはず。それを行ったとしてもお客さまが気付くことはおそらくないでしょう。しかし、鈴木さんは自身の理念としてそれをなさらないのです。一度でもその理念を曲げてしまうと、後戻りできないことをよく知っておられるのだと思います。長年、株を扱ってきたことで、人間の心理や弱さというものをよくわかっていらっしゃるからかもしれません。

第七章　営業センスを生かした資格業――寺田淳さんと語る

資格を持っていることが起業に有利なのはまちがいありません。特に弁護士や公認会計士、税理士など難関と言われる資格は大きな武器になります。

ただ一方では、苦労して司法試験に合格し弁護士になったのに仕事がないといった話も最近はよく耳にするようになりました。資格さえ取ってしまえば左うちわというのは、もはや過去の話になってしまったようです。

都内港区新橋のビル内に事務所を構える寺田淳さんは、大手電機メーカー勤務を経て五二歳の時に行政書士として独立されました。資格そのものはサラリーマン時代の若い頃に取られたそうですが、士業での独立としては、いたって遅咲きです。クライアントは着実に増え、充実した日々を送られているそうです。

はたして、資格はどれだけの収入を保証してくれるものなのか。また、資格で食べることの難しさと喜びはどんなことなのか。自分の腕一本で生きていく仕事について、寺田さんにお聞きしてみました。（インタビュー：二〇一五年二月五日）

寺田淳行政書士事務所　行政書士　寺田　淳
てらだ・あつし／1957年、東京都生まれ。中央大学経済学部卒業。新卒で入社した電機メーカーに29年間勤務する。27年間は営業部門に従事、本部販売部門の課長などを歴任、2年間の出向を経て2009年に早期退職制度を活用して退職。27歳で取得した行政書士の資格を生かし独立・開業する。得意分野は相続や遺言など。50代からの独立・再就職についての相談業務にも取り組む。

会社の看板がなくて何が残るか

出口　五〇歳を過ぎて行政書士として独立されたと伺いました。士業の独立としては遅いデビューです。それまでは普通のサラリーマンをされていたのですか。

寺田　大学を卒業して就職した音響機器メーカーにずっと勤めていましたが、五二歳になった時ふと考えたのです。六〇歳で定年を迎え、いくばくかの退職金をもらっても、年金が出るのは六五歳になった後だから、五年間は無収入になってしまう。退職金を取り崩すとしても、今の生活水準を続けていけば破綻は避けられない。再就職と言っても自分は特別な技能を持っているわけでもない。これはまずいぞ、と。一刻も早く動き出すしかない、と思ったのです。

出口　それで行政書士の資格を取られたのですか?

寺田　いえ。資格は二七歳の時に取りました。今、五七ですから三〇年前です。

出口　職種は営業とのことですから、仕事上必要なわけではありませんね。一方で行政書士資格は仕事の合間の勉強で取れるほど簡単なものではない。なにかモチベーションになるものがあったのですか。

寺田　私が勤めていた会社はカーナビやカーステレオのメーカーでした。当時の若者はクルマを買うと後付けでカーステレオも買うのが常識で、大げさではなくこちらが営業しなくても右から左に売れていました。自動車部品の量販店営業が主な仕事でしたが、極端に言えば、毎月二〇日にはその月の予算目標が達成できる。あとの一〇日は一応、出勤はしますが、喫茶店でサボっていても誰も文句を言わないような状況だったのです。今では考えられない夢のような話で、どこか違和感もありました。上司のお供で量販店に行くと、お客を押しのけて正面から堂々と入っていくわけです。それもお昼時を狙って店長室やオーナー室に入り、ちゃっかりお昼をゴチになるということもありました。あれを見るうちに、これはいつかしっぺ返しを食らうなと漠然とした不安を感じるようになったのです。

出口　栄枯盛衰ですね。

寺田　手前味噌ですが、私はピットの裏にある作業用の出入り口からしか絶対に店舗に入りませんでした。するとピットの人とも自然に仲良くなって、彼らが出世して店長などになると、本音で話をしてくれるようになります。なかには「俺たちの望みはおまえの会社が落ち目になった時に見返してやることだ。ただ、会社は嫌いだけど、おまえは信用できる」と言う人もいました。あれを聞いた時はぞっとしました。その時思ったのが、看板がいかに人を変えるかということ。でも、ふと考えたのが、自分から会社の看板がなくなったら何が残るのか。私には自動車免許しかないわけです。もちろんすぐに会社が潰れることはないでしょうが、自分がヘマをしてクビになったら、あっという間に路頭に迷う。これはまずいと思い、何か資格を取ろうと考えたのがきっかけです。

出口　手に職を付けたいというのはわかりましたが、なぜ行政書士だったのでしょう。

寺田　通信教育の講座ガイドを見て、なんとなく決めたというのが正直なところです。行政書士が何をやる仕事かもわかっていませんでしたから（笑）。ただ、いろいろ調べてみると仕事の範囲がかなり広いことがわかり、これなら潰しがきくんじゃないかと。

出口　でも、仕事をしながらの勉強は大変ですね。合格まで何年くらいかかりましたか。

寺田　これだけは自慢できるのですけど、一年かからずに合格しました。本来、行政書士の通信講座は一年制なのですが、次の試験が七ヵ月後に迫っていたので、かまわないからテキストをどんどん送ってくれと頼んで集中的にやって、ダメ元で受けたら幸い一発で合格できました。当時は営業の下っ端でしたから、土曜日でも「おまえ、明日あの店の応援に行け」と上司から突然命令が飛んでくることも日常茶飯事でした。だから、少しでも空いた時間があると、かえって集中して勉強する習慣ができたのかもしれませんね。

出口　さっき言われたように、予算を二〇日で達成しておられたので体力的にも余裕があったのでしょうね。毎日夜の一〇時、一一時まで仕事をしていたら、勉強しようという気力は残っていませんね。

寺田　それはありますね。ただ景気がいい時に、危機感を持って資格を取るための勉強をしていると言うと、周囲からは変人扱いされましたけどね（笑）。

リストラで雰囲気変わる

出口　二七歳で資格を取られて、しかも一発で合格されたのなら、すぐにも辞めたいという気持ちにはならなかったのですか。

寺田　会社以外の後ろ盾がなにもないまま独立しても成功しないだろうと考えたのが、大きかったですね。行政書士の資格だけで食べていけるか不安だったのです。これに気をよくして、行政書士に関連するその他の資格をトントンと取得できたのは、ある程度自信にはつながったと思います。

出口　自信が増せばますます独立しようと思いそうなのに、それでもずっととどまったのは、やはり仕事が面白かったのですね。

寺田　そうですね。会社の経営方針には疑問がありましたが、人間関係では大変恵まれていました。しかも、当時はまだ業績も右肩上がりです。おかしな上司もいましたが、それが問題になる状況でもありませんでした。

出口　いよいよ独立される契機になったのは何だったのですか。

寺田　業績が急激に悪化してリストラが始まったことです。社内はカーオーディオとホーム用の大きく二部門があり、業績の落ち込みが激しいホーム部門からリストラが始まったら、社内の雰囲気が突然変わりました。おまえはカー部門でよかったな、俺はたまたまホーム部門だからリストラの対象だ、と面と向かって嫌みを言われたこともあります。それまで親しかった同期も突然疎遠になったりしました。結局、数年後にはカー部門もリストラの対象になりましたから手を挙げようと思ったのですが、ギリギリ年齢で対象にならなかったため、翌年まで待ちました。

出口　早期退職に応募して企業を辞めた後、すぐに今の事務所を開業されたのですか。

寺田　いえ、開業まで二年半は浪人生活を送っていました。

出口　起業浪人とは珍しいですね（笑）。

寺田　まず、会社を辞めると決めた時から半年は遊ぼうと決めていました。サラリーマン生活を二九年も送ったのだから、これくらいはいいだろう、と。昔から一度行ってみたいと思っていた場所をあてもなく訪ねたり、全国にいる大学時代や高校時代の友達を訪ねたりしました。私、生まれは東京なのですが、父親が転勤族だったおかげで北海道から九州までの各地に住んだ経験がある。学校だけでも幼稚園、小学校、中学校でそれぞれ三回転校しましたし、生まれてから今まで転居した回数は計二七回です。おかげで土地に対する執着もないし偏見もない。就職の時も全国どこに配属されてもＯＫですと言ったのですが、それで合格になったのではないかと思っているくらいです。

二年間は市場調査

寺田　それからの二年間は、開業後の営業方針を決めるための市場調査です。具体的にはハローワークや人材紹介所に登録して、再就職活動をしました。どんな業界が人手不足なのかがわかれば、景気のいい業界もわかります。なかには毎月のように求人募集を出している企業がありました。でも、業績を調べると特にいい様子はない。不思議に思って調べたら、採用した社員の前の会社時代の人脈でお客を摑もうとしていたことがわかりました。一旦採用するのですが、期待した人脈がないとわかると途端に冷遇して退職に追い込む。これの繰り返しなのです。会社としてはうまいことを考えたと思いましたが応募した側はたまりません。短期間で退職するから履歴書がどんどん汚れてしまい、次の就職が難しくなるわけです。これを知って、五〇過ぎの転職ではストライクは一球しか来ないという覚悟が必要だと感じましたね。

出口　それはいいアドバイスですね。

寺田　この再就職活動を一年くらいやって、その後は事務所探しなど具体的な準備です。行政書士の登録をするためには、天井まできちんと壁がある、完全に仕切られた空間を持つ事務所を持たなければならない決まりがありまして、家賃だけならレンタルオフィスのほうが安いのですが、それだと認められない。税理士や弁護士が特定のビルに集中しているのは、そういう理由からなのです。こうして事務所を確保して看板を出してからの半年で、なにを専門にやるかなど事業方針を決める作業をしていました。

出口　そうすると企業を辞めてから開業まで二年以上も準備期間を持たれたわけですね。思いつきで始めるのは当然危険ですが、寺田さんの場合、行政書士という職種は決まっている。それでも準備が必要だと考えたのはどうしてですか。

寺田　失敗しないためです。一年間頑張ってダメだと思ったらどこでも再就職する覚悟はありましたが、できれば失敗はしたくない。絶対成功するという確信が持てるまで徹底的に考えていたら、二年経っていたということかもしれません。

出口　多分なんとかなる、ではなくてこれなら確実だという事業計画が必要だということですね。非常に理にかなったお話ですが、収入がないことへの不安はありませんでしたか。

寺田　幸い早期退職プログラムでまとまった退職金が出ましたし、サラリーマン時代から蓄財には比較的熱心でした。独身ということもあり、最後に頼れるのはお金だろうという思いがあったのですかね。開業してもすぐにお客が来る保証もありませんから、三年は無収入でも平気でいられる蓄えを確保していましたので、焦りはありませんでした。お金は大切な命綱だと思います。

出口　「貧すれば鈍する」ではありませんが、経済的余裕がないとどんなに優秀な人でも判断を誤りますからね。

寺田　その意味では四〇代の独立なら多分ストライクボールが三球は来ます。五〇代でもけっして遅いとは思いませんが、できれば四〇代から準備を始める。少なくとも五〇になってから慌てて始めたり、勢いだけで始めたりするのは避けるべきでしょう。

出口　話をお聞きして、寺田さんはしっかりと自己コントロールのできる方だと感じました。

寺田　お金は使うもので使われてはいけないと思っています。趣味には惜しげもなく使いますが、使いたい金額をまず貯める。借金はしたことがありません。

出口　僕もサラリーマン時代に先輩からどんなに苦しくても借金はするな、と教えられました。あとは「株を買うカネ、女性に貢ぐカネ、人に貸すカネは返ってくると思うな」と。そうしたカネは捨てる覚悟で使うもので、返ってくると思っていると逆に人生を誤るぞと。自己コントロールができることも起業には大切な要素ですね。

新参者が間に合う分野を探す

出口　ところで、準備の結果、なにを専門にされようとしたのですか。

寺田　比較的ポピュラーな業務では建設関係や風俗業などの許可申請などです。ただ、このような業務は特に長年の経験とキャリアが大きくモノを言う業務でもあります。そのような中に右も左もわからない新米書士が参入しても手も足も出ないのが実状です。この結果、ベテランの指導の下、コツコツと経験を積むことになります。ある意味それは当然のことではありますが、長年サラリーマンの時代に同様の経験をしてきた私にとっては、せっかく独立したのにまた同じことを繰り返すことに抵抗を感じました。その結果、まだこれから自分のような新参者が参入しても間に合うのではないかと思ったのが、「相続・遺言関連」の業務だったのです。高齢化社会でニーズがあるはずなのに、意外に私の知る範囲ではこの分野を専門にしている同業者が少ないことがわかったのです。ただ、後で知ったのですが、この分野は場合によっては恐ろしく手間がかかるために強いてＰＲはしていなかったようなのです。

出口　遺言、相続とはいいところに目を付けられましたね。ただし、営業先を探すのは大変ではないですか。

寺田　その通りです。いろいろ検討した結果、最初に始めたのがお寺訪問でした。多くのお寺が檀家さんを集めた講話会を定期的に開いているのですが、いろいろお聞きすると毎回の話題作りに頭を悩ませているお寺さんも少なくないことがわかりました。そこで、高齢者には相続や遺言など他では言い出しにくいことで悩んでおられる方が多いようなので、そのことについて講演のようなことをさせていただけませんか、と話を持ちかけると、「料金が無料なら」という条件付きながら、かなり高い確率で応じていただけました。ここから系列の別のお寺を紹介していただき、営業先を増やしていっています。

出口　最初は飛び込みだったのですか。

寺田　いえ、母の菩提寺が都内にありまして、そこで最初にやらせていただきました。そこからネットワークを広げているという状況です。

出口　ブログなどネットも積極的に活用されているようにお見受けしました。

寺田　開業準備の段階からあるコンサルタントの先生に指導していただいているのですが、ネットの活用についてはその先生から約一年間、徹底的に指導を受けました。ブログの下書きを提出すると、ベネフィットをもっと強調したほうがいい、一行は何文字程度に収めなさい、などと細かく指導してもらいました。ほとんど論文の添削指導です。

出口　同じくネットでビジネスをする立場として非常に興味があります。成果はどうでしたか。たとえば初年度のお客さまの数が一〇〇人として、そのうち何割程度がネット経由のお客さまだったのでしょうか。

寺田　そのコンサルの先生は、どんなに口下手でもネットを活用すれば営業できるというのがセールストークだったのですが、見事に一〇〇の〇。対象としていた顧客の年齢が高かったということもあったかもしれません。ネットからのお客さんは一人もいませんでした。ただ、ネットがまったく無駄かと言えばそうでもなくて、お寺さんで私の話を聞いた方が、その後にホームページを見て、事務所の住所も出ているし名刺も偽物ではないらしいとわかって、コンタクトを取っていただいたことはありました。その場合もメールではなく電話です。

出口　開業から三年以上になりますが、状況は変わりませんか。

寺田　残念ながら、そうですね。新規のお客さまの大半は過去にお仕事をさせていただいた方の口コミが中心で、純粋にネットを見ただけという方は一〇件もないと思います。たまにメールで相談がくることはあるのですが、簡単な回答を送るとそれで終わり。要は、ネット経由で知り合った相手にお金を払うという認識がまだ定着していないのでしょう。ただ、今の四、五十代の方は社会に出た時からネット環境で育っていますから、意識が変わるかもしれません。彼らがブログを読んで、親を連れてきてくれる。そういう時代も近くやってくるのではないか、という淡い期待も持っています。

出口　そうすると、営業方法としては今もお寺などでの講演が中心ということですね。月に何回くらい講演をされているのですか。

寺田　以前は四件くらいやっていたのですが、準備に時間がかかるので、最近は二件までに絞るようにしています。これ以下にすると、今度は新規のお客さんに出会えなくなってしまいます。

ダンピングは絶対しない

出口　お一人で行政書士事務所を維持するには月にどの程度の収入があれば大丈夫なのですか。

寺田　相続の案件なら相続財産の額で報酬が決まります。これが三パーセントから五パーセント。相続財産の平均が三〇〇〇万円とすると一〇〇万円程度です。ただ、これが一ヵ月もかからず処理できればいいのですが、複雑なケースでは、相続人と連絡が取れなければ探さなければいけませんし、そもそも相続財産の調査から始めることも少なくありません。とはいえ、このような機会は滅多に巡ってはきませんが（笑）。こうした行政書士の本業の他には、中高年で独立を目指している方を対象に個別のセミナーを開いていました。これが毎月五万円程度の収入になっています。これらを合わせた月の売り上げが良好な時で四〇万円から五〇万円、悪いときは一ケタ台！（苦笑）　士業のイメージからすれば低いかもしれませんが、年収三〇〇〇万円時代を考えれば、けっして悪くないと思っています。なによりサラリーマン時代のようなストレスがなく生活できていることを思えば充分でしょう。

出口　先ほど相続の場合では手数料は相続財産の三パーセントから五パーセントとおっしゃいました。これは金額で変わるということですか、それとも自由に設定できるということですか。

寺田　かつてはこういう作業はいくら、と一律で決まっていました。今は自由化されて各自の自由裁量です。先ほどの数字も私の場合の目安です。なかには仕事ほしさにダンピングする人もいると聞きましたが、私は絶対にしません。瞬間的にはお客が集まるかもしれません。しかし一人でできる仕事量には限度があるわけですから、注文が増えればその分仕事が雑になる。結果、評判を落とすことになり、自分で自分の首を絞めることにしかならないと思うからです。料金をもう少し安くできませんか、というお客さんもいますが、その時は「それならどうぞ他に行ってください」と言っています。カラ度胸ですが、幸いにも中年太りの体型のおかげで、そういう姿勢を貫くと、それだけ仕事に自信があるに違いないと思っていただけるようですね（笑）。

出口　司法改革の影響で弁護士が増えすぎて食えない人が相当数いると言われていますが、行政書士はどうですか。

寺田　状況はまったく同じだと思っています。行政書士として登録している者が約三万人といわれていますが、行政書士だけでは食えていない人のほうが多いのではないでしょうか。特に私のような新規参入組は苦しいと思います。一念発起して事務所を構えた。これで私も一国一城の主だ。立派な椅子にもたれて電話を待っているけど、まったく鳴らない。かかってくるのは、電話帳やインターネットに広告を出しませんか、という勧誘だけ。つい勧誘に乗って高い料金を支払うけれど、結果はなにも変わらない。気がついたら貯金も底を突いていた、というのが典型でしょう。

出口　行政書士に限らず士業は、資格試験が難しいけれど一旦合格してしまえば後は楽に稼げるといまだに勘違いしている人が多いのでしょうね。そういう現実がわかっていない人は、人の悩みを聞いてアドバイスする仕事はできませんね。

寺田　これはこの仕事に限ったことではないのですが、うまくいっていない事務所は「待ちの商売」に終始していると感じました。待ちの商売とは、自分本位、自分主体の商売と言えるのではないでしょうか？　極端に言えば殿様商売ですよ。決まった時間しか営業しない。お客のほうが自分に合わせろというスタンスです。これは商売として普通でない。それをお客さん本位に変えれば、それだけでお客さんは必ず集まるはずだと確信しました。実際、営業時間などあってないようなもの。事務所のあるのが新橋という場所柄、サラリーマンの方が多いので、お客さんは出勤前や退社後にしか時間が取れない人がほとんどです。当然、私も相談者の方が出社前の相談を望めば朝イチから事務所に出ますし、要望があれば二二時まででも事務所で対応します。

出口　そうした発想が持てるのは、サラリーマン時代に営業職が長かったことの大きなメリットですね。

寺田　あと重要なのはサービス精神でしょうか。行政書士が扱える仕事はおよそ一万件以上といわれていますが、そのすべてに精通している人はいません。「それは、ちょっと自分は不得手で……」と正直に言って断る人もいるようです。しかし私は絶対に断りません。とりあえず受けて、そのあとで勉強すればいいんです。どうにも手に負えない時はその分野に明るい先輩を頼ればいい。そのために先輩というものがいる、と勝手に割り切っています。少し前にペットの犬が他人にかみついたが裁判沙汰にしないため、両者の話し合いの議事録を作成してほしいという依頼がきました。当然、そんな案件など初体験ですが、「同様の事案は以前にも知っています。任せてください」と言いました。やったと言うと嘘になるのでまずいかもしれませんが、知っているなら嘘ではない。しかも、自信を持って受ければ相手は安心してくれる。それだけでもお客さんには嬉しいと思うんです。

出口　行政書士の看板を掲げている以上、それは苦手です、と言うのはおかしいですね。それではタクシーの乗車拒否と同じになってしまいます。

社会の役に立てる実感

出口　現在はお一人で事務所を経営されているわけですが、組織で働いていたサラリーマン時代とはかなり働き方が変わったのではありませんか。

寺田　時間の管理がすべて自己責任で自由になる点が一番大きな違いですね。極端に言えばお昼から出勤しても誰からも文句を言われない。その一方でお客さまからの依頼には百パーセント自分で応えなければいけない。会社では、ちょっとこれ代わりにやってと人に言えましたが、個人事業の場合はあり得ません。これが一番厳しいところでしょうか。そのためにも健康管理には徹底的に気を遣うようになりました。半年に一度は健康診断を受けています。

出口　規模や業種にかかわらず健康管理は経営者にとって最も大切なことのひとつですね。僕はお酒が好きで、かつては二次会、三次会までほぼ参加していましたが、ライフネット生命を始めてからは基本、一次会までと決めました。経営者に限らず定年制は必要ないと思っていますが、身体がしんどいと感じたら経営からは退くつもりです。特にベンチャーではつねにフル稼働で臨む準備を整えておかないといけませんから、それができなくなった時が限界ということだと思います。

寺田　それは会社員も同じですよね。二日酔いで出社している社員に重要な仕事は任せられませんから。ただ、現実はそれを平気でやる人が少なくなかったし、それが許される部分もある。サラリーマンは本当に楽だな、とつくづく思いますね。

出口　そうです。社長以外は、必ず上司がいるわけで、それは責任を取ってくれる人がいるということ。その幸せは辞めてみないとわからないでしょう。逆に言えば、そんなに気楽なビジネスパーソンでもしんどいと感じている人は起業には向かないかもしれませんね。

今後の計画で考えておられることは何ですか？

寺田　最近、注目しているのが「改葬」です。田舎にお墓があるけれど親族はもういないし、自分も高齢で面倒を見続けるのが大変だという方が、お墓を都会の近所に移す例が非常に増えていまして、そのお手伝いが増えてきました。あとは営業先としては、これまでのお寺に加えて高齢者の介護施設や高齢者向けの病院に入れないかと考えています。ただ、こうした相続やお墓関係は、一度お仕事をさせてもらっても、その後リピーターになっていただくのは難しい。そこで、独身で高齢になった人向けに死後の処理を請け負うビジネスにも取り組もうと考えています。

出口　終活ビジネスは増えているようですが、なかには怪しい業者もあるようですから、行政書士という公の資格を持っている人がやってくだされば安心ですね。

寺田　弁護士に依頼するという方法もあるのでしょうが、弁護士は普通の人にとってはかなり敷居が高い。座っただけで何万円も取られるのではないか、と。銀座のクラブではないのですから、そんなことはないのですが、やはり抵抗がある。その点、行政書士は比較的気軽に相談できますし、基本的に弁護士にできる手続きはできますし、初回の相談料も無料。ただ、裁判などの争いにまで発展してしまった場合には、代理人になれるのは弁護士だけですが、違いと言えばその程度でしょう。そのあたりをアピールすれば、まだまだ拡大の余地はあると思っています。

出口　それで料金が安いなら、われわれ依頼する側からすると言うことありませんね。実は僕も六〇歳になったら年賀状を書くのをやめて、代わりに遺言を書こう、と提唱しています。格好良く言えばＡＣＰ。アドバンス・ケア・プランニングの略ですが、要するに意識がなくなった時に、どんな治療をしてほしいか、あるいはしないでほしいかということをきちんと書いておこう、と。これも行政書士の先生にお願いすればいいんですね。

寺田　ええ、公正証書として残せますから、公的な効力のあるものにできますよ。

出口　それはいいことを伺いました。ただ、不思議なのは、そういう有望な市場があるのに、そこに出ていく行政書士がなぜこれまでいなかったのでしょう。

寺田　単純ですよ。前にも言いましたが、不動産や建築、風俗など既存の主力業務などで食べていけるから、あえて手間のかかる分野に進出しようと考えなくてもよかった。それだけだと思います。たしかにお一人さま相手や相続がらみの案件はコストパフォーマンスが高いものとは言えません。でも、お客さまに喜ばれ、もっと言えば社会の役に立てる。そういう実感が得られるこ

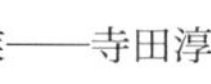

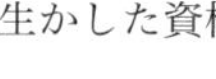
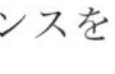
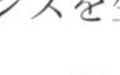
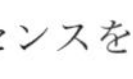

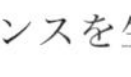

との喜びが大きい。五〇を過ぎた第二の人生としては、こちらを大切にするのも、ありなのではないでしょうか。

出口　まさにおっしゃる通りですね。

▼対談を終えて

職場が面白くない。今の職場では自分を生かせない。そうした理由から独立を考えることについては、否定的な意見も多々あります。しかし、僕はそうは思いません。この職場にもういたくないと思えば、転職するにしても、独立するにしても、自分になにが足りないのか、どんな準備が必要なのかを、真剣に考えるようになるからです。

それをとことん考えていけば、自分はまだ独立すべきではないという結論になるかもしれません。だとすれば、足りないなにかを身につける努力を始めればいい。それだけのことです。

今の職場では起業に役立つ能力など身につかないという人もいるかもしれません。それは誤解です。営業でも経理でも、とことん突き詰めれば必ず何らかの役に立つものですし、徹底的に追究した結果として学べることは、どんな仕事を始めるにしても生かせるものなのです。

寺田さんのケースはまさにそのパターンだといえるでしょう。営業マンだった若き日の寺田さんは、上司の仕事の仕方を見て職場の将来に希望が持てなくなったことをきっかけに行政書士の資格を取られたのですが、これでいつ職場がだめになってもいいと開き直ったことで、むしろ営業の仕事が面白くなり、成果にも結びついた。その時身につけた営業センスは、現在の行政書士としてのお仕事にも間違いなくつながっているのです。

つまり、資格さえ取ればそれでうまくいくわけではない。大切なのは営業であり、言い換えればサービス精神である。相手の求めているものを察知して、それを的確に提供する。そうした気持ちがなければ、どんな資格を持っていても依頼は来ない。資格は仕事をする権利であり、けっして事業を成功させるためのチケットではない。それに気付いておられたからこそ、寺田さんは五〇歳を過ぎてからの独立でも成功できたのです。

もうひとつ、寺田さんのケースで学ぶべきことは、起業成功の秘訣は準備にあるという事実を改めて教えてくれたことでしょう。

寺田さんは二七歳で行政書士の試験にパスしながら、その後二五年間も会社勤めを継続されています。ご本人は独立する自信がなかったとおっしゃっていますが、ベストのタイミングを見計らっておられたのだと思います。たまたま五二歳の時、早期退職制度ができたことで規定より多くの退職金が出るから、これを利用すれば開業に向けてじっくり腰を据えて準備ができると思われたのでしょう。こうしたチャンスを生かせたのも、前々から独立に向けた態勢作りを怠らなかった結果と言えます。

しかも職場を辞めてから実際の営業を始めるまで二年半もかけて準備をされているのには、ビックリしました。まずは行政書士業界の現状と問題点を調べ、それらの課題を克服して成功する方法を分析された。この冷静な対応には感心するばかりです。

五〇歳過ぎてからの独立では、残された時間に限りがあるという気持ちから、どうしても焦ってしまう人が少なくありません。その結果、おいしそうな取引に手を出し騙されて大切な資金を失ったり、信用を失ってしまったりする例も少なくない。急がば回れではありませんが、時間が限られているからこそ、石橋を叩いて渡るのが大切なのです。

「五〇歳を過ぎたらストライクは一球しかこない」と寺田さんはおっしゃっていました。せっかくの絶好球をみすみす見逃さないためにも、準備期間を徹底的にとるようにしたいものです。

第八章　起業成功の条件と準備

成功の三条件

起業する誰もが成功するわけではありません。歴史を見ると、むしろベンチャーの九割は失敗すると考えるべきでしょう。五〇代の起業に限れば成功する確率は高まると思いますが、それでも二～三割いくかいかないかではないでしょうか。

そこでここからは、読者の皆さんのチャレンジを成功させるため、僕が起業についてこれまで人・本・旅（体験）で学んだことを述べてみたいと思います。

さまざまな事例から学んだところによると、起業が成功するためには三つの条件が必要だと思います。

一番目の条件は、風が吹いていることです。凧を揚げる時のことを考えればわかるように、どんなに一所懸命走っても風が吹いていなければ凧は揚がりません。同じ業種で起業しても、世の中の景気がいい時と悪い時では成功する確率が違うことは容易に想像できます。

もちろん、例外もあります。ユニクロを展開するファーストリテイリングや、低価格家具を販売するニトリなどは、世の中がデフレの時代だったからこそ成功しました。ただ、一般的な確率から言えば、やはり景気がいい時のほうが有利であることは間違いありません。

風とは、世の中の流れとも言い換えられます。難しいのは風向きを的確に捉えること。これが二番目の条件です。

風向きとはまた、消費者の嗜好とも言い換えられるでしょう。お金を使うにしても、海外旅行などで一度に豪勢に使う傾向が強いのか、それともプチ贅沢を指向しているのか。それによってビジネスを変えなければいけません。売り上げが落ちている企業は、一般論ですが風向きの変化にうまく適応できていないからではないでしょうか。ベンチャー企業の場合、普通は財務基盤が脆弱ですから、スタートダッシュで躓（つまず）いてしまうと挽回がなかなか難しい。風向きを読むことがより重要になってくるのです。

そして、最終的には、その摑んだ風向きに個人の才能がジャストミートしていること。これが三番目の条件です。そうして初めて成功を摑むことができるのです。

ここで注意してほしいのは、二番目の風を読むことや、三番目の風向きに適応することは、個人の能力や努力によって対応できるのに対し、一番目の「風が吹いている」という条件は、個人の力だけではどうにもならないということです。どんなにその個人に才覚があり、風を読む能力があっても、風が吹いていないと成功は難しいのです。

よく聞くのが、「五年早すぎた」という話です。たとえば音楽でも、当時は斬新すぎて消費者がついてこられなかったけれど、いま聴くとすごくいいと感じるものがたくさんあります。本でもそういうものがたくさんあります。五年後になっても在庫さえあれば、それを買ってもらうと印税収入があるので、それはそれでいいのですが、ビジネスではそうはいきません。大資本の企業なら五年耐えられても、お金のないベンチャーがタイミングを間違えれば、おそらく倒産してしまうでしょう。やはり、ビジネスはその時代、時代に合っていることが非常に重要なポイントです。早すぎても遅すぎてもいけないのです。

適当な時に適当な場所にいる

個人の力ではどうにもならないことが成功の重要な条件であるとすれば、起業が成功するカギを突き詰めて考えると、「運」ということになるかもしれません。

では、運とはなんでしょうか。

一般には偶然にやってくる幸運といったニュアンスで捉えられることが多いと思います。しかしそれほど単純ではなく、ダーウィンの「進化論」で語られる、「適当な時に適当な場所にいること」が運だと僕は解釈しています。

「棚からぼた餅」という言葉があります。棚から落ちてきたぼた餅が、ちょうど開いていた口の中に落ちて収まったという話から生まれたことわざで、思いがけない好運を得ることや、苦労なしによいものを得ることをいいます。一般にはたんなるラッキーの喩えのように使われますが、このラッキーを摑むためにはそれなりの準備が必要なのです。

まず、ぼた餅を食べるためには、当然ながら棚からぼた餅が落ちるのが見える場所にいなければなりません。「おっ、ぼた餅が落ちそうだな」と、その様子が見えるくらい近くにいなければダメなのです。ただ、これは残念ながら偶然に任せるしかありません。なぜなら、棚にぼた餅があることを知っていても、永遠に落ちないぼた餅もあるからです。落ちそうなぼた餅を見分けられればいいのでしょうが、こればかりは難しい。

また、落ちるかもしれないぼた餅が置かれた棚を発見したとしても、そこにいるのはあなた一人とは限りません。二〜三人かもしれないし一〇人かもしれない。しかし落ちてくるぼた餅はひとつです。ライバルに勝って、そのぼた餅を食べるためには、真っ先に駆けつける能力が不可欠です。布団に寝転がっていたのでは、ぼた餅が落ちそうだと気付いてもすぐに動き出すことができません。

つまり、いつでも全力疾走できるように臨戦態勢を整えていた人だけが、ぼた餅を食べられる。これがダーウィンの言うところの適応力であり、その適応力の高い動物が生き残ることができた。それが、運がいいということの本当の意味なのです。

六〇歳を超えて仲間に出会えた

では、僕は運がよかったと言えるのでしょうか。

ライフネット生命は、販路としてインターネットを活用することで事業コストを下げ、既存の大手生命保険会社の半分程度の保険料を実現したのが最大の特徴です。保険料を抑えることで、まだ収入が少ない上に、多くのリスクを抱える若い現役世代を応援することを最大のミッションと考えています。合い言葉は「保険料を半分にするから安心して赤ちゃんを産んでほしい」です。

このアイデア自体は、五〇代で日本生命を左遷された時から頭の片隅にありました。本にも書きました（『生命保険入門』岩波書店）。しかし、僕の主張は、ごく一部を除き、ほとんど注目されることはありませんでした。仮にこのアイデアが当時、誰かの目にとまり、事業化されていたとして、今と同じ結果になっていたかどうか。その答えは永遠にわかりません。

ただ、ライフネット生命の営業開始があと半年遅れていれば、うまくいかなかった可能性はかなり高かったと考えています。営業開始の半年後にリーマンショックが起きたからです。その時まだ営業までこぎ着けていなかったら、資本が集まらず、計画自体が頓挫してしまったとしても不思議ではありませんでした。

間違いなく言えることは、もともとのアイデアは存在していたとしても、今のライフネット生命と同じ会社ではないということです。今のライフネット生命は、代表取締役社長であり共同経営者である岩瀬大輔をはじめ、僕たちの起業の理念に賛同して集まってくれた社員や投資家の方々がいるからこその姿なのです。

もちろん、まだ今の段階で僕たちのチャレンジが成功したとは到底言えないと思っています。開業から八年、株式を上場するところまで至ったものの、二〇一六年三月期の売り上げは九四億円に過ぎません。生保業界全体の売り上げが四〇兆円あることを考えれば、ナッシングに等しい。マラソンで言えば、スタートを切って四〇〇メートルのトラックを周り、ようやく競技場の外に出たといったところでしょうか。

それでも、六〇歳を超えて多くの素晴らしい仲間に巡り合い、理想とする生命保険会社に向けて日々頑張れるチャンスを与えられただけでも、僕は運がいいと思っていることは確かです。

開業して間もなくお客さまから直接メールをいただいたことがあります。僕は著書などでメールアドレスをオープンにしていますので。そこには「保険料を半分にしてくださってありがとうございます。これで安心して赤ちゃんが産めます」と書かれていました。これには本当に胸が熱くなり、チャレンジしてよかったとしみじみ思いました。

俊敏に身体が動く状態をキープ

ここまでは主として起業を成功させる条件についてお話ししてきました。では、起業に向けてどんな準備をしておけばいいのでしょうか。

最も大切なことは、体調管理に気をつけることです。命あってのモノダネですから、たくさん食べてたくさん寝て、毎朝元気に起きる。当たり前と言えば、これほど当たり前のことはありません。規則正しい生活をする。これが一番です。

ストレス発散のため適度な運動もお勧めです。ビジネスは頭の勝負で運動能力とはまったく関係ないと思うかもしれませんが、それは認識不足です。ビジネスは人と会うのを避けることができません。身体つきがいかにも年老いた感じになっている五〇代と、キビキビと動ける五〇代を比較した時、相手はどちらがより信頼できると感じるでしょうか。見た目のイメージをよくするためにも、いつでも俊敏に身体を動かせる状態をキープしておくのは、とても重要なことです。

自分の体調をきちんと管理できる人は、自己コントロールができる人です。人付き合いはたしかに重要ですが、夜の会食で二日酔いになるほどお酒を飲むのは本末転倒。このくらいなら大丈夫だろうという心のゆるみは禁物です。せっかくぼた餅が落ちる瞬間に出くわしても二日酔いで動けないとしたら、それほどもったいないことはありません。五〇歳を過ぎたら、二次会には参加せず一次会で引き揚げるくらいで、ちょうどいいのです。僕もお酒は大好きです。しかしライフネット生命を立ち上げて以降は、原則として一次会で失礼することに決めています。

経営とは、つねに判断を求められる仕事です。たったひとつの判断ミスが会社を傾かせることもありえます。いつも自分にできる最良の判断を行うためには、朝からすっきりした頭で出社することが絶対条件だと思っています。これこそが、経営トップとそれ以外の役員との違いと言っていいでしょう。

第一章で述べたように、僕は日本生命時代にロンドンで現地法人の社長を務めていた時期がありました。ロンドンはヨーロッパの金融の中心地ですから、ロンドンの現地法人社長は実質的にヨーロッパ全体を統轄することになります。そのトップですから、ある程度の権限と責任を持たされていました。

僕の性格でもあるのでしょう、ほとんどのことは本社に伺いを立てることなく、自分でなんでも決めていました。ただ、それは判断に迷わなかった問題についてであって、困ったことが起きれば東京の本社に電話をかけて、「僕には判断ができないので、国際担当役員が決めてください。お願いします」と丸投げすることができました。

ところが起業して以降は、そんな甘えは許されません。すべてを僕自身で決めなければいけないのです。昔なら丸投げできたのに今は自分でサイコロを振らないといけない。難儀だなと感じることも正直、たまにはあります。

サイコロを振るなどという言い方は不謹慎だと感じられるかもしれませんが、けっして誇張して言っているわけではありません。トップが決断する段階まで来た案件は、どちらを選んでも大差がないのです。明らかな優劣があれば、もっと下の段階で決まっているに違いないからです。

最終的には直感で決断することもあります。直感で正しい判断をするためにも、頭が冴えていることが大切であり、そのためには健康な身体を維持することが必要不可欠なのです。

もちろん、それはこれから経営者を目指そうと思っていらっしゃる読者の皆さんも同じこと。トップになったら毎晩お酒を飲んで、翌朝はゆっくり重役出勤したいと考えている人は、起業を目指すのはやめたほうがいいでしょう。

読書を生きた知識に変える

起業の準備には、知的武装も欠かせません。知的武装をするためには人・本・旅（＝現場に出向くこと）で学ぶしかありませんが、まずは自己投資として本を読むことを強くお勧めします。人付き合いを上回って僕が影響を受けたのは読書でした。

僕が特に歴史書を好むのをご存じの方もいらっしゃると思います。たとえば歴史的な偉業を成し遂げた人が、危機に陥った時にどう対処してきたか。あるいは敗者は何をきっかけに敗者となったのか。それらを知ることは、時代も具体的な局面もまったく異なった場合でも、非常に参考になりました。

ライフネット生命を立ち上げた時、最初の資金は、投資家で、あすかアセットマネジメント会長である谷家衛さんの会社から出資していただきました。最初のプレゼンテーションの時、僕はこう言いました。

「今の日本の生命保険業界は、まさに一七八〇年代のフランスの状態です」

フランス革命は一七八九年です。その直前のフランスはアンシャン・レジームと言われて社会全体に不満が渦巻いていました。その不満を解決すれば、社会は大きく変わる。生命保険業界も今、革命を起こす絶好のチャンスであると僕は訴えたかったのです。僕の第一声を聞いた瞬間、出席者のほとんどの方はキョトンとされていましたが、僕のこの説明を聞いてストンと腹落ちしていただけたようでした。これも歴史好きがなせるワザだったかもしれません。

ただ、読書といっても、何も難しい本でなくてかまわないと思います。漫画でもいいし、美しい風景の写真集でもいいのです。少しでも興味がある本は何でも読むといいでしょう。好きこそものの上手なれで、読んでいるうちに自分の関心の対象に気付くはずです。関心の対象がわかったら、それについて今度は深く掘り下げて読み進むといいでしょう。

同じ本でも、主体的に読むのと、そうでないのとでは、定着率がまるで違ってきます。読書を生きた知識に変えるためには、興味の対象に気付くことがまず大切です。

皆さんの周囲には「この本を読むといいぞ」などと、お節介で本を紹介してくれる人もいるでしょう。そんな時は、あれこれ考えずにとりあえず読んでみるべきです。最初の五～一〇ページを読んでみて、どこがいいのかさっぱりわからなかったら、本を閉じればいいだけです。

本は最初から最後まで読み通さなければいけないと思っている人がいますが、必ずしもつねにそうとは限りません。精読すべき古典は別として、単に知識を得るだけのビジネス書なら、目次を見て興味があるところから読み始め、ここはこんなことが書いてあると予想できるような部分は読み飛ばしても一向にかまいません。

反対に、これまで自分がまったく手にしてこなかったジャンルの本でも、最初の五〜一〇ページを読んでみて、これは面白い、もっと先を知りたいと感じる本があるはずです。一〇冊に一冊でも、そんな素晴らしい本に巡り合えれば、それで充分でしょう。

第一章で、五〇代になれば世の中のことはある程度見えている、自分のことについても大体わかっていると書きました。たしかにこれは一面の事実ですが、世の中のすべてがわかっているかといえば、決してそんなことはありません。ところが、自分としてはわかった気になっているわけですから、他人が素晴らしい本を勧めてくれても、それに素直に耳を傾けることができなくなる人がいます。これでは人生に幾度もない良書とのご縁（巡り合い）を自ら断ち切ってしまうようなものです。

自分自身を振り返って、多少でも心当たりのある人は、ぜひ反省してみてください。本に限りません。何事でも「食わず嫌いが一番よくない」のです。

人に誘われたら動いてみよう

また、人・本・旅と言いましたが、起業を考えているなら積極的に人と会うべきです。僕はこれまでの人生でさまざまな人に出会い、多くの国や町を訪れました。こうした経験が今の自分を形作る上でとても重要な要素になっていることは間違いありません。半ば冗談で、僕は本五〇パーセント、人二五パーセント、旅二五パーセントでできていると答えたりしています。

「人」で言えば、僕は三〇歳の時に関西から東京に移り、四三歳でロンドンに行くまでの一三年間で、平日に家で夕食を食べたのは確か一回しかありません。毎晩、生命保険業界をはじめとする金融関係者、中央省庁や日本銀行、メディア関係者の人たちと会っていたからです。その間に会った人の数は正確には覚えていませんが、おそらく一万人近いと思います。そういった皆さんとの交流や議論、人間関係から学んだことは、ライフネット生命のトップとして仕事をする時にも大いに役立っています。

積極的に人に会うようになったら、そこで出会った信頼できそうな人に「自分はこんなビジネスを考えているのだけれど、どう思いますか？」と話してみるといいでしょう。「それは有望だ、ぜひ投資させてくれないか」と賛同する人が現れないとも限りませんし、反対に「自分もこんな企画を考えているのだが、手を貸してもらえませんか」と誘われるかもしれません。

安易に自分のアイデアを喋ったら真似されるのではないかなどと心配するのは、それこそ取り越し苦労というものです。世の中の大多数の人は、そのアイデアが面白いと思っても実行に移すことはまずありません。それに、世間話程度の内容を話したくらいで真似されるようでは、もともとそのビジネスモデル自体に大した独創性がないとも言えます。もっとアイデアを練りなさいというシグナルかもしれません。

とにかく、何はともあれ人に誘われたら動いてみるべきです。時間の無駄で終わるかもしれません。しかし、ダメモトでいいではないですか。

以前、わが社の社員からこんな話を聞きました。

彼は僕から見れば大変な好青年。にもかかわらず、なかなか恋人ができないと悩んでいました。ある日のこと、彼の大学時代の友人に頼まれて合コンに参加することになりました。もともと呼ばれてはいなかったのですが、予定していた男性が急用で出席できなくなったため、急遽声がかかったそうです。その友人は、「飲み代は自分が持つからつきあってくれないか」と頼んできたそうです。

いくらタダ酒が飲めるからといって、穴埋め要員に自分を指名するなんて失礼だと考える人がいるかもしれません。ところが彼はそうは考えませんでした。「友達が困っているのだから行ってやろう」と考えて参加したところ、隣に座った女性が彼のストライクゾーンど真ん中だったのです。しかも、話してみると驚くほど話が合う。意気投合した二人はそのまま交際するようになったそうです。まるで作り話のような、本当の話です。

日本生命時代に僕は、「仕事を休んでいいから、この先生の講演を聞いてこい」と上司に言われて、ある高名な大先生の講演を聞きに行ったことがありました。一〇万～二〇万円の費用を払ってでも講演を聞きたがる人がいるほどの人気講師です。そんなすぐれた人の話をタダで、しかも仕事を休んで聞けるとはラッキーこの上ないと思いました。

しかし、いざ参加してみると、その講演は僕には退屈極まりないものでした。たったの五分で熟睡してしまいました。

その経験が時間の無駄だったとは思いません。彼の講演は、他の人には価値のある内容だったのかもしれませんが、僕は得るものがないと感じたのです。要は相性なのです。相性は相手に会ってみないことにはわかりません。それに、「有名講師」といっても名前だけで中身がない人もいるのだということがわかりました。それも収穫と言えるでしょう。少なくとも講演に参加することがなければ、「自分はこういう人には関心がない」ということすら気付かなかったのですから。

こうした経験を重ねてきたからでしょうか、誰かに誘われたら予定が空いている限り断らないことを自分のルールとしました。

五〇歳で人生の棚卸しを

ライフネット生命という企業が今あるのも、日本生命から子会社に出向していた時に、たまたま友人から「保険の話を聞きたいと言う人がいるから会ってやってほしい」と頼まれ、投資家の谷家さんに会ったのがすべての始まりです。まさに偶然の産物と言っていいでしょう。

しかも、谷家さんとの初対面の場で保険会社を創りませんかと誘われ、即座に「はい」と答えてしまったのです。なぜ、その場で「はい」と言ったのか、不思議に思われるかもしれません。

理由のひとつは、谷家さんが魅力的だったことです。正直に言えば会うまでの印象はあまりよくありませんでした。なにしろ友人に頼まれて最初に電話をした時、「私は忙しいので、夜の九時に全日空ホテルのロビーでお会いすることでいいですか？」と言うのですから、少し変だなと思いました。普通なら「二時にオフィスに」とか「ランチでも」となるではありませんか。

加えて、谷家さんは後から知ったのですが遅刻の常習犯で、その時も二〇分ぐらいの遅刻でした。友人の紹介だから仕方がないけれど変な人かもしれないな、と内心思って待っているところに走ってきた少年のような谷家さんが、予想外に童顔で感じがよかった。その落差で、いい人だなと思ってしまったのです。

まず「日本の生命保険業界に興味があるので、どういう構造になっているのか教えてもらえませんか？」と聞かれたので、日本の生命保険業界は売り上げが四〇兆円で保有契約が人口と同じだけあり、三〇〇万人のセールスレディが年間一五〇〇万件の新契約を販売している。要は自動車業界と一緒で、一〇年弱で既存の契約を乗り換えさせることでご飯を食べているという説明をしました。すると谷家さんが、

「今まで何人かの保険会社の人に話を聞いたけれど、これほど全体像をシンプルにクリアに教えてくれた人はいませんでした。出口さんは本質をわかっていますね」

「私のところに来て、保険会社を創ってもらえませんか」

と言われたのです。僕は迷うことなく「いいですよ」と即答しました。谷家さんに会って、わずか二〇分くらいだったと記憶しています。おかげでそれ以来、六八歳の今日まで、人生で一番長時間労働を行う羽目となりました。

当時、僕は非常勤で東京大学の総長室アドバイザーを務めており、その仕事にも大変やり甲斐を感じていました。もしもあの日、谷家さんと出会っていなければ、今頃はまだ東京大学にいたかもしれないと思うと、つくづく人生とは不思議なものだと思います。

あの時、谷家さんの誘いに即答した背景には、僕が日本生命時代のことを総括していたことが大きかったと思います。第一章で述べたように、日本生命から子会社へ出向することになった時、もう日本生命に戻ることはない、だったらこれまで日本生命で学んできたことを文章にまと

めようと考えたのです。三〇年以上働いてきたので、手元には保険に関する文献が大量に集まっていました。それらを基に、生命保険の本質や今後の進むべき方向についてまとめてみようと思い立ち、およそ三ヵ月で書き上げました。

これが『生命保険入門』という本になって世に出ることになり、多くの後輩たちが手に取ってくれました。そしてこの本の中で生命保険のあるべき未来像について触れ、インターネットを活用して保険料を半分にするビジネスモデルのことを書きました。これが現在のライフネット生命のビジネスモデルの祖型となりました。その意味で、五〇歳前後で一旦、人生の棚卸しをしておくことは、臨戦態勢を整えるためのひとつの大切な儀式と言えるのではないでしょうか。

この『生命保険入門』を読んだ谷家さんが僕に起業を持ちかけたとか、あるいは僕が新たに生命保険会社を立ち上げるためにこの本を書いたと思っている人もいるようですが、それはまったくの誤解です。むしろ生命保険と別れるため、いわば遺書として頭の中にある知識を全部はき出したのです。集めた文献等はすべて後輩に託してしまったので、ライフネット生命を立ち上げる時は、もう一度保険に関する資料を集め直さなければならなくなり、ちょっと後悔しました。

人の不満に注目する

それでは次に、どのような業種を選んで起業すればいいかを考えてみましょう。

自分がやりたいこと、得意なことを優先するのが大前提ですが、起業の成功率を高めるという点ではいくつか注意することがあります。

第一に、市場規模が大きく、しかも拡大傾向にある分野にかかわる業種のほうが有利でしょう。市場規模が一〇億円よりも一〇〇億円のほうが、新規参入企業でも入り込みやすいのは誰にでもわかります。もちろん、初めからニッチな市場を狙うという考え方もありますが、成功の可能性という意味では大きな市場に参入したほうが一般的には有利だと思います。

また参入障壁が高い事業のほうが有利だという意見もあります。参入障壁が高い業界なら、ライバルがそれだけ少ないからです。しかし僕はあまりこだわる必要はないと考えています。参入障壁が高ければ、それだけ競争相手が現れにくいのは事実ですが、自分たちが参入しにくいとも言えるので、プラスでもありマイナスでもあるからです。

実際問題として、規制などによる参入障壁がある分野に新たに入るのは容易ではありません。特に個人の小資本での起業では、そのハードルを越えるのはかなり大変なので、あまりこだわらないほうがいいと思います。

むしろ、既存の企業やサービスに対して多くの人が不満を感じている点に注目するといいでしょう。保険で言えば、万が一の備えとして生命保険は必要だと多くの人は思っているけれど、仕組みが複雑だったり、値段が高かったり、定期的に担当者がやってきて新しい保険に乗り換えさせられたりすることに違和感を持っている。そこをクリアする企業を作れば、共感を得られる可能性が高いというわけです。

過去の人脈は起業には利用しない

起業時には過去の人脈が大きな助けになることがしばしば見受けられます。しかし、それに期待し過ぎるのはよくありません。助けが得られなかった時の失望感が大きいからです。むしろ過去の人脈は利用しないという覚悟で臨むべきです。

ビジネス経験が長いほど人脈も増えますから、起業する時にもつい、それを活用したくなります。しかし、必ずしもそれがうまくいくわけではありません。なぜなら、過去の人脈は、会社の名刺があったからこそできたつながりがほとんどだからです。起業しても昔の人脈がそのまま活用できると思うのは、誤解であるばかりではなく、むしろ起業を失敗させるリスクを高めかねないのです。

僕の場合、生命保険事業を始めるには金融庁の免許が必要でした。僕は日本生命時代に一二年間ＭＯＦ担の経験があり、当時の顔見知りが金融庁の上層部にいないわけではなかったのですが、彼らに口添えを頼むことは一切しませんでした。免許を審査するのは担当者の人たちですから、上の幹部連中から何か言われたら反発する可能性もある。必ずしもうまくいくとは限らないのです。

実はライフネット生命が免許の申請作業を進めていた時、申請を始めてから二年以上経っているのに免許がおりない企業がありました。外資系の企業で、書類作成をコンサルタント任せにして、本国から来た幹部は長官や局長など上層部の人間を訪ね、早く免許がおりるようお願いしていたそうです。アドバイスを求められたので、上層部への働きかけはほどほどにしたほうがいいのでは、と答えました。なぜなら、免許申請の担当者の身になって考えると、自分たちの頭越しに外国の偉い人が上司に文句を言ったのだなと思うと、あまりいい気はしないのではないでしょうか。上司に進行状況を聞かれても、「はい、一所懸命やっています。ただ、問題点がいくつか見つかったので、手直ししてもらっているのです」などと答えるだけでしょう。むしろ、それまで以上に小さな不備を指摘されて、申請が受理されるのが遅れるかもしれません。

これに対し、幸いにも僕たちは一年半で免許をもらうことができました。金融庁の担当者が求める書類を完璧に揃えるのは大変な作業でしたが、すべてを自分たちで準備しました。会社の設立メンバーが自分たちだけで申請書をすべて整えたのは、長い日本の生命保険の歴史始まって以来のことではないでしょうか。

それが後に意外なところで役に立つことになります。生命保険会社を始めるには相当の資本が必要で、多くの投資家に出資をお願いしなければなりません。なかには厳しい質問をしてくる投資家もいます。そんな時、金融庁に提出する資料作成のために、ありとあらゆるシミュレーションを自分たちでしていたので、難なく答えることができました。これは本当に助かりました。

人脈やコネを利用するのはつねに正しいとは限りません。時にはアンフェアであったり非合理的であったりするのです。だったら、初めから人脈に頼ることを考えず、正攻法でいくほうが合理的かもしれないと思うのです。

未知の世界から人を捜そう

起業時の立ち上げメンバー選びも大切です。

谷家さんと出会い、「はい」と答えた後、一緒に頑張ってくれる仲間をどうやって集めるかを考えました。まず頭に浮かんだのは日本生命の優秀だった何人かの部下の顔です。彼らの保険に対する知識や経験は充分わかっていましたから、「あいつが一緒にいてくれたら楽だろうな」と思ったのです。

しかし、その直後に僕はこの考えを消し去りました。創業メンバーに日本生命出身者ばかりが集まったのでは、「ミニ・ニッセイ」しか創れないからです。それでは起業する意味がありません。僕の尊敬するクビライ（中国の王朝、大元ウルスの初代皇帝）なら、まちがってもそんな判断をするはずがありません。

そこで、谷家さんにお願いしました。「僕は保険のことは知っていますから、保険のことを知らない若い人を紹介してください」と。するとその場で谷家さんが「岩瀬を使ってください」と。聞けば、まだハーバード大学のＭＢＡに通っている学生だけれど、面白い人物だからとりあえず採用した、留学後の仕事がまだ決まっていないから使ってください、というのです。その話を聞いて、これも何かのご縁だからと思い、「では二人で頑張ります」と即答しました。谷家さんと出会って僕と岩瀬のコンビができるまで三〇分足らずでした。こうしてビッグバンが起こり、ライフネット生命が誕生することになったのです。

起業時の設立メンバーは気心の知れた仲間で集まることが多いと思いますし、それはそれでいいと思います。しかし、それだけでは新しい発想はなかなか生まれないかもしれません。予期せぬ化学反応が起きることを期待するなら、一人でもいいから、まったく未知の世界から人を捜してみるのも面白いかもしれません。それがダイバーシティということなのです。

あとがき　置かれた場所で咲くだけが人生ではない

ここまで読まれた皆さんは、自分も何かにチャレンジしてみようという気持ちになられたのではないでしょうか。その一方で、最後の最後で踏み出すのを躊躇う人もいるかもしれません。成功すればいいけれど、この歳で失敗したら家族を路頭に迷わせてしまうのではないか。しかし、それはまったくの取り越し苦労に過ぎません。

たとえ失敗したとしても、選り好みさえしなければ仕事はいくらでも見つかるからです。まして飢え死にすることなどありえません。なぜかと言えば、この国は構造的な労働力不足の状態に陥っているからです。二〇三〇年には実に八〇〇万人の労働力が不足すると予測されています。多くの業界は人手が足りません。起業を目指すレベルの能力があり、健康な身体さえあれば、あなたを採用してくれる職場は必ず見つかるでしょう。

もちろん、それまで勤めていた職場と同じレベルの給与は得られないかもしれませんが、少なくとも食べていくだけの仕事なら必ずあるはず。家族を路頭に迷わせるかもしれないと心配して起業を躊躇うのはあまり感心しません。逆に言えば、そういう答えが返ってくることを心配して起業するかどうかを悩んでいるなら、起業しないほうがいいと思います。

　運悪く失敗したとしてもまだ時間は充分に残っています。「今回はうまくいかなかったが、多くのことを学んだ。それを生かせば次はさらに成功の可能性が高まる」と考えればいいのです。

　もちろん、人にはそれぞれ適性がありますから、すべての人が経営者を目指す必要はありません。昨年現役引退を表明しましたが、プロ入り後三〇年以上も登板してきた中日ドラゴンズの山本昌投手に監督になれと言っても、山本選手は少しも嬉しくなかったのではないでしょうか。おそらく、ご本人としては、一日でも長く現役でいたかったのではないかと僕は思います。

　自分の適性は本人が一番よく知っているのですから、それに従うのが一番いいのです。そこを勘違いして、社長や経営者は偉いとか、人生スゴロクの上がりは社長だと考えてしまう人もいるようですが、けっしてそんなことはありません。監督も現役選手も人間としての価値はまったく同じですし、経営者と社員の価値も等価です。監督も経営者も要は「機能」であり、「ファンクション」に過ぎないのです。

　人が集まって組織ができると、誰かがトップの役割を果たさなければいけない。猿山にボスザルが必要なのとまったく変わりません。だったら監督に向いている人が監督をすればいいし、社長に向いている人が社長になればいい。それが本人にとっても、また一緒に働く周りの仲間にとっても一番幸せなのです。なぜなら労働条件の百パーセントは上司なのですから。

だから、五〇歳になって起業しても、そこで必ず自分がトップになろうと考える必要はないと思うのです。仲間四〜五人で会社を興したとして、自分はトップの器ではないと感じるなら、代表などにならず使われる側にまわりましょう。大切なのは、今自分がいる場所は自分の居場所ではないと感じ、新たな環境で自分を試してみたいと思う気持ちがあるのなら、躊躇するべきではない、ということです。「置かれた場所で咲く」ことを目指すだけが人生ではないのです。ここでは自分は咲けないと思えば、咲ける場所を探せばいいのです。

五〇歳を過ぎると、普通のビジネスパーソンならそろそろ定年が近づいてきますから、自分の人生も終わりに近づいていると感じる人もいるようです。しかし、それは大きな勘違いです。五〇歳は人生の折り返し地点に過ぎません。平均寿命まで生きられるとすれば、残りは三〇年もあるのです。ある習い事のお師匠さんが次のように言われていました。「お茶でもお華でも小唄でも、なんでも三年黙って通えば一人前になって免状くらいもらえますよ」。三〇年あれば免許皆伝が一〇個ももらえるのです。そう考えれば時間は無限近くあると思えませんか。

もう時間はないと思って、何も行動しないまま明日になれば、その一日分、残り時間が減っていきます。何を決断するにしても、今のあなたが一番若いのです。だとすれば、迷っている時間はありません。勇気を出して、人生の後半戦で一花咲かせる一歩を踏み出してみてはどうでしょうか。

出口治明

ライフネット生命保険株式会社代表取締役会長

1948年、三重県生まれ。京都大学を卒業後、1972年に日本生命保険相互会社に入社。企画部や財務企画部にて経営企画を担当するとともに、生命保険協会の初代財務企画専門委員長として、金融制度改革・保険業法の改正に従事する。ロンドン現地法人社長、国際業務部長などを経て、同社を退職。2006年に生命保険準備会社を設立し、代表取締役社長に就任。2008年の生命保険業免許取得に伴い、ライフネット生命保険株式会社を開業。2013年6月より現職。主な著書に『生命保険入門　新版』(岩波書店)、『生命保険とのつき合い方』(岩波新書)、『直球勝負の会社』(ダイヤモンド社)、『働く君に伝えたい「お金」の教養』(ポプラ社)、『「働き方」の教科書』(新潮社)、『日本の未来を考えよう』(クロスメディア・パブリッシング)、『「全世界史」講義 I・II』(新潮社)他がある。

講談社+α新書　743-1 C

50歳からの出直し大作戦

出口治明

2016年 9月20日第1刷発行
2016年10月26日第4刷発行

発行者――――鈴木 哲
発行所――――株式会社 講談社
東京都文京区音羽2-12-21 〒112-8001
電話 編集(03)5395-3522
販売(03)5395-4415
業務(03)5395-3615
構成――――平原 悟
デザイン――――鈴木成一デザイン室
カバー印刷――――共同印刷株式会社
印刷――――慶昌堂印刷株式会社
製本――――牧製本印刷株式会社
本文データ制作――――講談社デジタル製作

定価はカバーに表示してあります。

落丁本・乱丁本は購入書店名を明記のうえ、小社業務あてにお送りください。

送料は小社負担にてお取り替えします。

なお、この本の内容についてのお問い合わせは第一事業局企画部「+α新書」あてにお願いいたします。

Printed in Japan
ISBN978-4-06-219474-7

講談社+α新書

一回3秒 これだけ体操 腰痛は「動かして」治しなさい
松平 浩
『NHKスペシャル』で大反響！ 介護職員をコルセットから解放した腰痛治療の新常識！
780円 734-1 B

遺品は語る 遺品整理業者が教える「独居老人600万人」「無縁死3万人」時代に必ずやっておくべきこと
赤澤健一
多死社会はここまで来ていた！ 誰もが一人で死ぬ時代に、「いま為すべきこと」をプロが教示
800円 735-1 C

ドナルド・トランプ、大いに語る
セス・ミルスタイン 編
講談社 編訳
アメリカを再び偉大に！ 怪物か、傑物か、全米が熱狂・失笑・激怒したトランプの〝迷〟言集
840円 736-1 C

ルポ ニッポン絶望工場
出井康博
外国人の奴隷労働が支える便利な生活。知られざる崩壊寸前の現場、犯罪集団化の実態に迫る
840円 737-1 C

18歳の君へ贈る言葉
柳沢幸雄
名門・開成学園の校長先生が生徒たちに話していること。才能を伸ばす36の知恵。親子で必読！
800円 738-1 C

本物のビジネス英語力
久保マサヒデ
ロンドンのビジネス最前線で成功した英語の秘訣を伝授！ この本でもう英語は怖くなくなる
780円 739-1 C

選ばれ続ける必然 誰でもできる「ブランディング」のはじめ方
佐藤圭一
商品に魅力があるだけではダメ。プロが教える選ばれ続け、ファンに愛される会社の作り方
840円 740-1 C

歯はみがいてはいけない
森 昭
今すぐやめないと歯が抜け、口腔細菌で全身病になる。カネで歪んだ日本の歯科常識を告発!!
840円 741-1 B

一日一日、強くなる 伊調馨の「壁を乗り越える」言葉
伊調 馨
オリンピック4連覇へ！ 常に進化し続ける伊調馨の孤高の言葉たち。志を抱くすべての人に
800円 742-1 C

50歳からの出直し大作戦
出口治明
会社の辞めどき、家族の説得、資金の手当て。著者が取材した50歳から花開いた人の成功理由
840円 743-1 C

財務省と大新聞が隠す本当は世界一の日本経済
上念 司
財務省のHPに載る七〇〇兆円の政府資産は、誰の物なのか!? それを隠すセコ過ぎる理由は
880円 744-1 C

表示価格はすべて本体価格（税別）です。本体価格は変更することがあります